パプア・ニューギニア

精霊の家・NGO・戦争・人間模様に出会う旅

川口 築

花伝社

パプア・ニューギニア——精霊の家・NGO・戦争・人間模様に出会う旅

◆

目次

カバー写真協力　埼玉県鶴ヶ島市教育委員会ならびに成田修一氏

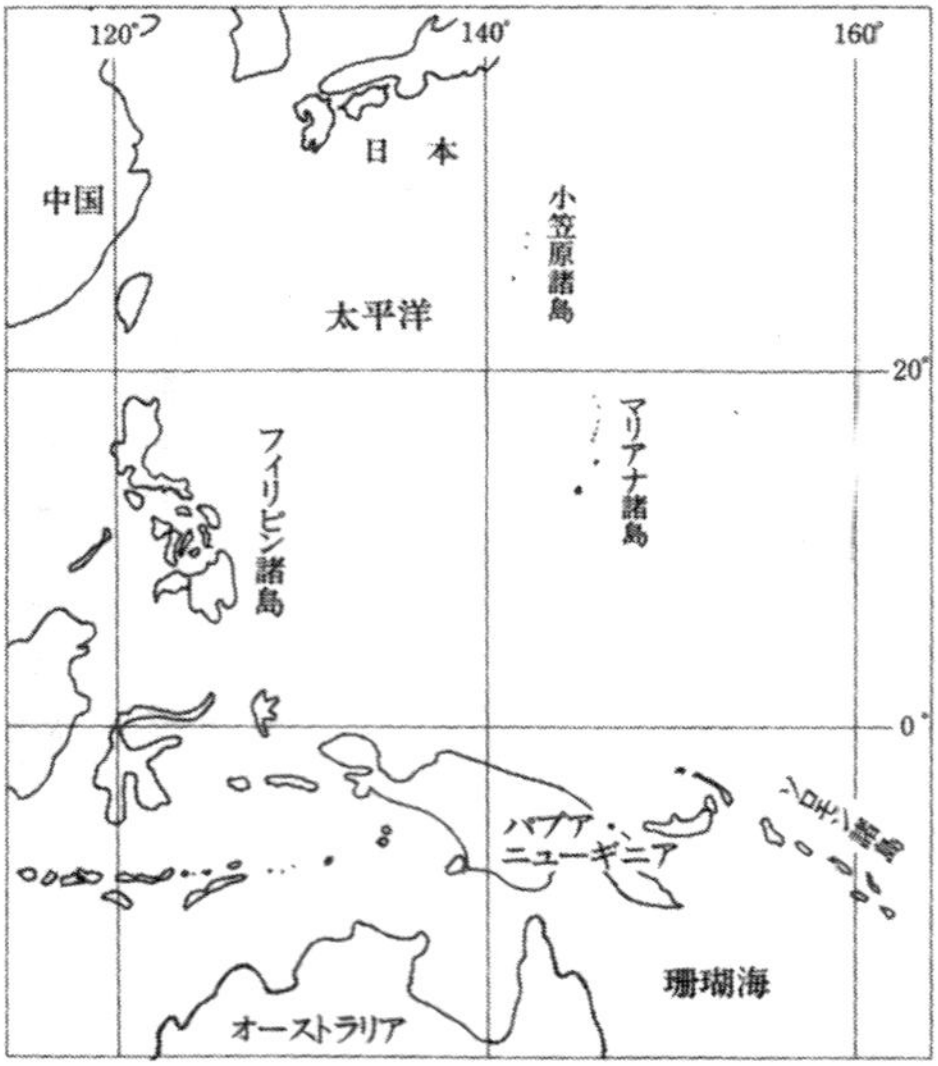
120°
140°
160°
日本
中国
小笠原諸島
太平洋
20°
フィリピン諸島
マリアナ諸島
0°
パプア・ニューギニア
ソロモン諸島
珊瑚海
オーストラリア

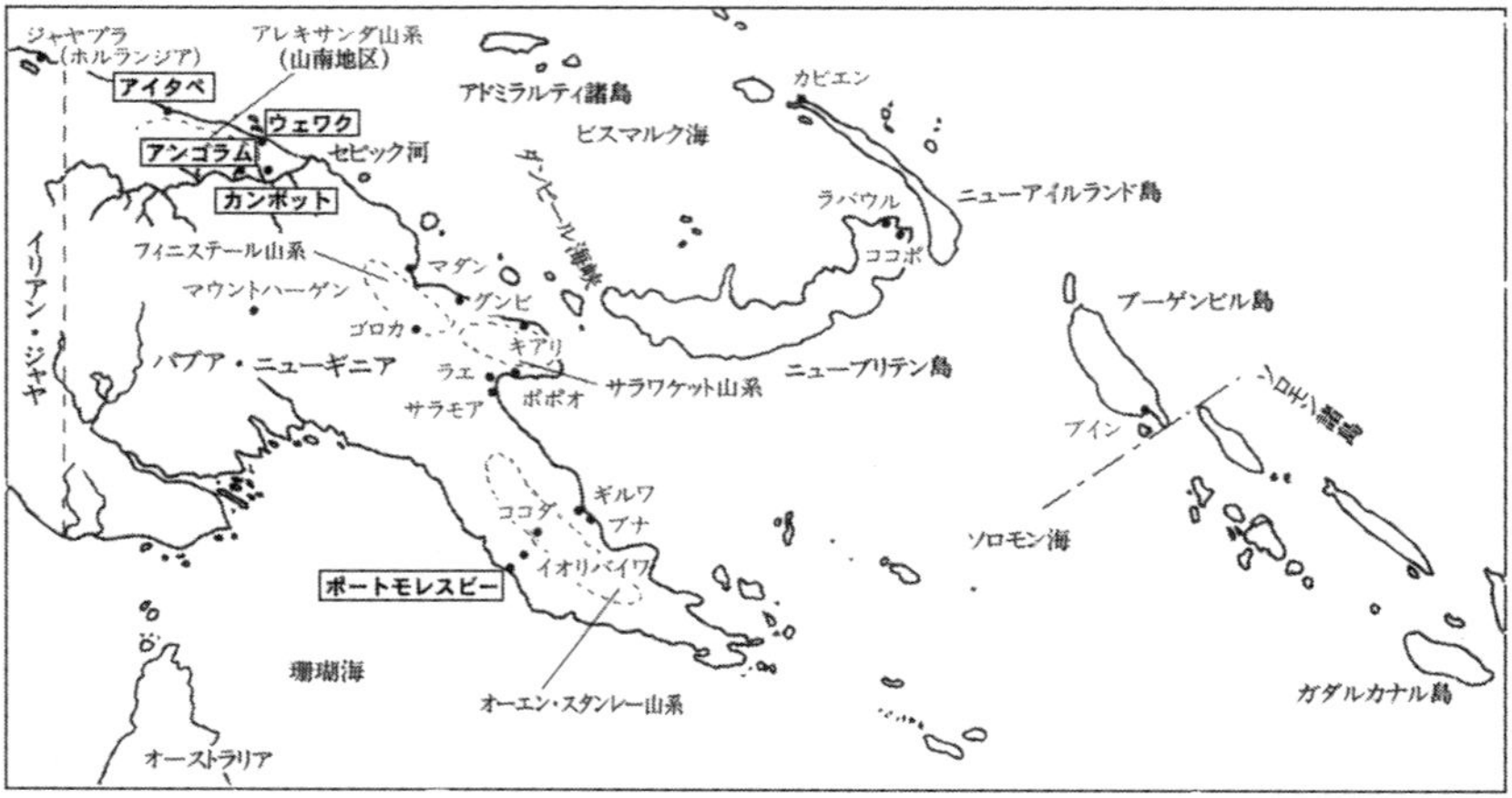
ジャヤプラ
（ホルランジア）
アレキサンダ山系
（山南地区）
アイタペ
ウェワク
アンゴラム
セピック河
カンボット
アドミラルティ諸島
ビスマルク海
ダンピール海峡
カビエン
ニューアイルランド島
ラバウル
ココポ
イリアン・ジャヤ
フィニステール山系
マウントハーゲン
マダン
グンビ
ゴロカ
キアリ
パプア・ニューギニア
ラエ
サラモア
ポポオ
サラワケット山系
ニューブリテン島
ブーゲンビル島
ブイン
ソロモン諸島
ギルワ
ココダ
ブナ
イオリバイワ
ポートモレスビー
ソロモン海
珊瑚海
オーエン・スタンレー山系
ガダルカナル島
オーストラリア

1　セピックの夜

泣きたくなるほど暗い。そして静かだ。

セピック川流域。

突然、安宿の電気が切れた。

零時までは自家発電で、と聞いていた。が、今はまだ午後九時である。

窓から外を見る。

星と月。

白い明かりが熱帯の丘にしみこんでいく。

「光はこれだけかあ……」

この国の人の肌が黒いのは、或いはこの暗闇を浴び続けているからかも知れない。

どうしようもなく、ただ、ただ自然に包まれてしまった。

2 「フレンズ・オブ・ＰＮＧ（FRIENDS OF PNG)」

「パパ、パパ」

子どもの感受性は強い。

朝の六時ごろ旅仕度をしていると、二歳九ヶ月の上の息子が怪訝そうな顔をしてやってくる。パプア・ニューギニア出発の当日だというのに、まだ荷造り半ばである。旅行で不在する間の会社の仕事それに旅行全体の段取りに奔走し、自分自身の準備ができていない。毎度のことだがこうして直前までバタバタしている訳である。

「サングラス、サングラス」

見つからない。熱帯の陽差し除けとして必要だ。しかし見つからない。思えばサングラスなんかここ数年していない。それをいきなり短時間にかつタイムリーに探すこと自体が土台無理な話である。無駄な抵抗はやめて息子の相手をする。しばらく会えないのだから。
　兎に角、陽差しの強い日だ。荷物の格段の重さが早くも疲れを呼び起こす。涙涙の長男と涙腺を手術したばかりの六ヶ月の次男、それに「さあこれから大変だな」と気をひきしめる家内としばしのさよなら。

　一九九七年八月、建設関係のＮＧＯ（非政府組織による海外でのボランティア）活動として、パプア・ニューギニアに派遣されることとなった。会の名前は「フレンズ・オブ・ＰＮＧ《ピーエヌジー》(FRIENDS OF PNG)」（ＰＮＧとはパプア・ニューギニアの略称）
　目的は、パプア・ニューギニアの主にセピック川・ラム川流域に点在している伝統的な儀式用木造建築物「ハウスタンバラン」の調査である。「ハウスタンバラン」とは「精霊の家」とも呼ばれ「イニシエーション」（ある集団へ加入するための儀式）をはじめとする様々な儀式・集会が行われている建物。柱などにはパプア・ニューギニア独特の彫刻、壁にはユニークな絵画があったりと文化的価値の高いものであるが、残念なことにかなり朽ち果てている様子である。パプア・ニューギニアの官庁からの要請を受け、それらの実態調査を今回三人のチームで行うことになった。
　この活動は、もともと「ＰＮＧ西村支援会」という会から始まった。

会の名にある「西村」とは西村幸吉という方。太平洋戦争時ニューギニア等で従軍され、戦後、戦友の遺骨の収集と慰霊を行うため単身でパプア・ニューギニアに渡り活動されている。一九九四年にその西村さんとパプア・ニューギニアで出逢われた横田さんという方が彼の活動に感銘を受け、日本で支援会を結成された。その支援会は、一九九六年より西村氏個人から「フレンズ・オブ・ＰＮＧ」としてパプア・ニューギニアの国に対するＮＧＯ活動事業へと発展した。

前回（一九九六年）の活動では主にパプア・ニューギニアの東南部に位置するオロ州で、橋の設計や道路建設の指導等を別のメンバーの方が行ってこられた。今回は、前述の「ハウスタンバラン」の調査を行うこととなった。

ひょんなことからこの活動のお手伝いをすることになったが、そうこうしているうちに派遣メンバーになった。

この活動は「(社)国際建設技術協会」と民間の支持者からの支援金の双方でまかなわれている。そのため個人的な持ち出しはないが、休んでいる間の仕事の段取りや家庭のことを考えると、いろんなものを犠牲にしないといけないなあ、と複雑な気持ちだ。

タクシーでＪＲ赤羽駅に行く。そこまではまだいいが、京浜東北線に乗るまでの階段でもうダウンだ。スーツケースとバックパッキングで体重が約四割アップになっている。ひざの関節が既におかしい。身体が不自由な人は一体どうやって列車を利用されているのだろうと思う（一九九九年になってＪＲ赤羽駅は飛躍的に改善された）。

東京駅で調査の同行者の一人である成田さんと合流する。成田さんは五六歳。当会長横田さんと親しいことから誘いがあったとのこと。既に就職されている長身の息子さんが見送りに来られていた。

会のメンバーの最若手、長島さんも娘さんと見送りに来てくれていた。長島さんは防衛大学から自衛隊に入隊しレンジャー部隊に所属、その後設計事務所の営業業務を経て、現在は父が経営する会社におられるという異色の経歴の持ち主である。そして三一歳ながらしっかりした人生設計をもっている好青年である。彼の父が当会の幹事ということで、発足当時から活動をされており、パプア・ニューギニアにも既に二度行かれている。四歳と二歳の娘さんは大変かわいい。特に下の娘さんはうちの長男と一ヶ月しかかわらないのにとてもおとなしい。挨拶もできる。目下我が家の最大の悩みは、長男がやっと

「ママ、パパ」

と話し出した程度であることと自由奔放な暴れっぷりだ。男の子と女の子ではこうも違うものかと思う。

長島さんは「靖國」というお神酒をくれた。東京都青梅市の日本酒で、新潟産の最高の酒米「五百万石」を百パーセント使用していると書かれている。靖国神社で買われたそうだ。慰霊に使われても勝手に飲まれてもいいとのこと。三本買われたが、来る途中で一本落として割ってしまわれたそうだ。

長島さん曰く、

「何か不吉ですねえ。三人が皆さん無事であればいいのですが……」

「……」

今回の調査の行程は、首都のポートモレスビーで「ハウスタンバラン」の文献調査をし、北部の海岸にあるウェワクからセピック川に入り実態調査、マダンで再度調査を行った後、ポートモレスビーを経由して帰るというもの。先月の七月一九日よりニューギニア航空の定期直行便が毎週土曜日に関空~ポートモレスビー間を飛び始めた。以前は直行便がないため、香港やシンガポール、ケアンズ等を経由していたが、現在はたったの六時間四〇分で結ばれている。関空の出発時間が土曜日の夜二一時二〇分で、ポートモレスビー着が日曜日の朝五時丁度という夜行便である。因みに帰り便は、ポートモレスビー発が土曜日の深夜〇時三〇分で関空着が同日の朝の六時一〇分である。東南アジアへ行くような気軽さである。但し今回は、折りからの夏の帰省ラッシュと重なったため羽田~関空の飛行機が取れず、止むなく新幹線と特急「はるか」を乗り継いでの移動となった（残念ながら一九九八年四月四日をもってパプア・ニューギニア定期直行便は、再び無くなった。但しゴールデンウィーク、春休み・夏休み時期と年末年始には関空からの直行便が運行されている。詳しくは、ニューギニア航空のホームページ http://www.air-niugini.co.jp で）。

3 「アイタペ作戦」「新居浜太鼓祭」で出発

一五時〇三分に「ひかり」は出発した。早速買い込んだ缶ビールとつまみで乾杯をする。

今回のメンバーはお互いをほとんど知らない。他のお二人は同じご勤務であったことから、以前から面識がおありであったようだが、私は出発前の打ち合わせ兼壮行パーティで一度お会いしたきりである。成田さんは昔、筑波や東京、仙台、沖縄におられたそうで、かなり幅広い仕事を経験されている。趣味は、釣りということで釣竿を携帯されている。

「ひかり」「はるか」で関空まで行くのに約四時間かかる。成田さんとは随分色々なことをお話する。

中でも今回のハウスタンバランの調査についてであるが、果たしてうまく目的を達成することが出来るかということが心配になった。

現地では、前述の生き残り兵で慰霊のための活動をされている西村幸吉さんがエスコートして下さることになってはいるが、それは出発直前に決まった話で、我々は直接コンタクトしていない。さらに我々調査員は、西村さんと一度もお会いしたことがない。どのような人柄なのかニュアンスも判らない。セピックまで西村さんがお付き合い下さるとのことだが、西村さんは七七歳であり、本当にそんな遠隔地まで高齢のご老人が付き合ってくださるのか。もっとそれ以前にポートモレスビーでちゃんとお会い出来るのだろうか。

また、ハウスタンバランを調査すると言っても不安が残る。我々が勝手に行動出来るものなのだろうか。個人や村の所有物ではないのだろうか。例えば、日本の神社に外人が勝手に入って調査を始めたら問題にならないか。伊勢神宮や出雲大社を外人三人がちょこまか実測して記録している様は、尋常でないのではないだろうか。そしたらハウスタンバランを仕切っている村の長老に了解を取ればいいのか。しかし、長老が村人を統率するような伝統的な慣習が今でも残っているのだろうか。現代文明が奥地にも入り込み、昔のしきたりが崩れてきているとも聞く。長老の言うことを若い人は最早聞かなくなっているということはないか。それよりも何よりも一体長老とは誰なのか。どうしてコンタクトするのか……。これは調査といっても、簡単ではないということが判ってきた。

また、成田さんは、パプア・ニューギニアに別の意味で御縁がおありであった。それは、成田さんの叔父さん（父の弟）が太平洋戦争時、ニューギニアのアイタペというところの近辺で亡くなられたということである。今回の行程に入っているウェワクの近くである。成田さんは、戦友が成田家に送られた叔父正三氏の戦死報告の手紙のコピーを二通持ってこられていた。長野県の実家のお仏壇に保管されていたそうである。成田さんにとって今回の旅は、ハウスタンバランの調査の他に「叔父さんの供養」と「死に場所の特定」という要素もあるわけである。

列車があたかも海の上を滑り込むように走ると関西空港が間近だ。

関西国際空港は、一九九四年九月四日に開港した敷地五一〇ヘクタールに及ぶ巨大な人工島である。「メリケン粉のような」軟弱な大阪湾の海底に建設されている。そのため地盤沈下がひどく、開港後三〇〜五〇年経たないと沈下がおさまらないと言われている。建設当時には予想以上の沈下量であったことから新たな土砂の投入が必要となり、当初目標の一九九三年三月開港を延期させている。また沈む量や速さが空港島の場所によって違うという「不同沈下現象」への対策がなされている。地下室があるため比較的重量の軽いターミナルビルは放っておくとその周りより沈下しなくなってしまう。そのため、ターミナルビルの基礎部分は重しとしてわざわざ鉄鉱石が敷き並べられ、また周辺の地面より低く造られているが、それでも間に合わないため、ターミナルビルの九〇〇本すべての柱にジャッキがつけられ高さを調整できるようになっている。「ジャッキアップ・システム」と呼ばれ、三〇～六〇センチの不同沈下には対応できるのである。

またこの空港は、国が全額出資している公団が事業主体である成田空港と違い、国・地方公共団体・民間企業が出資する第三セクターからできている。中曽根内閣による「行政改革」「民間活力」路線の影響である。地方自治体で、大阪府、大阪市の他に奈良県、兵庫県と和歌山県それに神戸市までが出資している。民間企業では、関西電力と住友金属工業、松下電器産業が筆頭株主となっており、東京電力など東京本社の企業も出資している。いろんな面で新しい試みがなされている空港である（佐藤章著「関西国際空港」中公新書に詳しい）。

成田さんは関空にお知り合いがおられたとのことで、建物の内部まで視察されていた。ここは電気、ガス、上下水道等自給できる体制であるとか興味深いお話を伺う。私も担当の商品を関空で採用いただいた関係から、完成前に一度見学に来たことがあるが、コンコースまででその先は入れなかった。こういう形で再び関空に来れるとは不思議な感じがする。

エレベーターで四階に上がるとすぐニューギニア航空と提携している日本の航空会社のＧカウンターがある。ここでもう一人の同行者、白川さんとお会いする。登山用シャツにベストにサングラス。まさに探検ルックである。

白川さんは、愛媛県のご出身で三十六歳。現在は広島におられる。東京、大阪勤務の後、ＪＩＣＡ（国際協力事業団）のメンバーとしてフィリピンに二年間赴任されている。がっちりした体格にスポーツ刈り。ズケズケと率直に自分の考えを言われる。如何にも独身の様な雰囲気だが、何と息子さんが二人もおられる。奥さんとは大阪時代の「職場結婚」とか。

チェッキングカウンターには、ニューギニア航空の島田部長（現在は支社長）がおられる。島田さんとは足掛け九年のお付き合いである。先月直行便が就航したばかりであり、毎週週末は東京から関空に来られているのだそうだ。年に一〜二便であったチャーター便から毎週三百人近くの人を定期的に送り出さねばならない訳だから、大変である。旅行代理店向けの説明会を頻繁に開いてられるとか。

またカウンターには、現地でお世話になるボブさんという方と奥さんそれにご親戚の方がおられる。ボブさんはイギリス人で奥さんは日本人。ご親戚の方は女性一人に子供さん二人。日本の方である。今回の旅は、一人でもないし、エスコートしてくれる人もいるしで調査の難易度のわりに気分的にはかなり楽である。

島田さんは、

「ホットなニュースがありますよ。女優の中尾ミエと前田美波里と東てる美が同じフライトですよ」

と教えてくれた。何でもパプア・ニューギニアに単身赴任で仕事をしている男性に突撃取材をするというテレビの企画のようだ。ポートモレスビーとマウントハーゲンに行くとのこと。一週間のロケである。だんだん華やかになってきた（番組のタイトルは「金曜テレビの星！　世界をマタに！　急襲‼　おばさんチェック隊」ＴＢＳ系一九九七年九月一七日放映）。

免税店でウィスキーを買い、ＡＯＩというラウンジで生ビールを飲み盛り上がる。中尾ミエと前田美波里は足を組みながら静かに雑誌を読み、確かに「女優」をしている。こちらは、「中尾ミエと前田美波里と東てる美と同じ飛行機やで～」と家内や妹などに電話しまくっている。残念ながらミーハーと言われても仕方がない。

飛行機は定刻に出発。いよいよ出発だという感慨は特にない。それより三人で一五日間を無事過ごしてきたいという気持ちの方が強い。

席が白川さんの隣りだったので色々と話す。中でも「祭り」の話で盛り上がった。白川さんのご出身は愛媛県の東部に位置する新居浜市。人口一三万人を越す県内有数の工業都市であり最盛期であった元禄一一年（一六九八）頃には、年間一五〇〇トン以上という当時世界最高水準の銅の産出量を誇った別子銅山や「住友」発祥の地として有名だが、ここは「太鼓祭り」という祭りも有名である。

「新居浜太鼓祭り」は、毎年一〇月一六日〜一八日までの三日間開催され、阿波踊り（徳島）・よさこいまつり（高知）と四国三大まつりの一つに数えられている。男祭りの異名をもつ勇壮な祭りで、太鼓台のかき比べは豪快である。金糸・銀糸で刺繍された布団締め、幕をつけた太鼓台は高さ約五・四メートル、長さ約一一メートル、幅約三・四メートル、重さは約二・五トンと巨大なもので、約一五〇人の「かき夫」と呼ばれる男たちが支え担ぐ。

昭和四五年（一九七〇年）の「大阪万国博覧会」や、平成二年（一九九〇年）の「第五回国民文化祭・愛媛九〇」に日本を代表する祭りとして出場したほか、平成五年（一九九三年）には、シンガポール最大の祭典「チンゲイ・パレード」にも愛媛を代表する伝統文化行事に選ばれ参加し、現地で絶賛を浴びている。

現在、市内三地区（川西・川東［川東・川東西部］・上部）に分かれ、それぞれの地区の特色を活かしたかき比べを行っており、祭り期間中、延べ三五万人も観客を集め、市内は祭り一色となり太鼓の音が鳴り響く（ホームページ「新居浜市の紹介」より）。

白川さんはその中で実際にはどういうところが面白いかというところを語ってくれる。太鼓同士が喧嘩をするようだが、へし折られないように八本のかき棒を補強したり、車輪を二本から四本にしたりとか工夫が大変なようだ。警察からのお咎めもあるそうだ。また町の信号と電線は太鼓の邪魔にならないよう初めから高い位置にあるなど、やはりこだわりの部分が多いようだ。皆んながこだわっているからこそ面白いのだろう。白川さんは話しながら血が騒ぐという感じである。

オイサ、オイサ、オイサ!!

砕ける勢い水
重なり合う体温
舁《か》き縄のむれた匂い
共鳴する喚声
追い立てられる水法被《みずはっぴ》
男の熱気が空に跳び
博多の夏を創り出す

私が出させてもらっている国の無形文化財の勇壮な夏祭り「博多祇園山笠」と相通じる面があり、話が盛り上がった。

「祭りは見るより出るに限る」

白身魚の遅い夕食をとった後、肘掛けをぶち抜いて二つの座席を使って横になる。期待も不安も酔いと疲れで入り交じってきた。

勝海舟も言っている。

「外国に行く者が、よく事情を知らぬから、知らぬからと言うが、知って往こうというのが、善くない。何も、用意をしないで、フイと往って、不用意に見て来なければならぬ」

さあ、どんな旅になるか。

4　穏やかな日曜日、ポートモレスビー

横になれたのは良かったが、何度も起きる。

「いったい俺はどこにいるんだ⁉」

今までに何度か感じたことのある「存在に対する不安」がここで現れた。この切迫感は表現しようのない冷たいものだ。三人の旅で何も不安感がないようでいて、心底ではストレスが溜まっているのだろう。


その「存在に対する不安」は午前三時三〇分の朝食でぶち壊された。

「ねむ～」

見渡しても起きている人は少ない。パンとフルーツとヨーグルトとコーヒー。「目が欲しがる」

という言葉があるが、口というより「食べなければ」という意識が指を動かす。次に税関申請書を書く。起き抜けにしては忙しい。後部座席のボブさんに会いに行くが、熟睡中というよりは昏睡状態というような眠りようである。叩いても反応がない。

午前五時にポートモレスビーのジャクソン空港に着く。まだ外は暗く外が見えないため、前回来たときのようにポートモレスビーが近づいてくるというワクワクした感じがない。

「あっ着いた」

というあっけなさである。

前回パプア・ニューギニアを訪れたのは、八年近く前の一九八九年。香港経由でポートモレスビー、ゴロカ、ラバウルを一人で旅した。久しぶりの海外旅行であり、また一人であったため不安感と緊張感を道づれにしながらの旅であった。パプア・ニューギニアの奇異さと同質さ、そして何よりも戦争を通じての日本との深い関係を感じとって帰ってきたが、その印象の強さから本を出版することにした（『パプア・ニューギニア探訪記』花伝社）。一九九六年に出版したその本のご縁で今回こうして再訪することになった。ポートモレスビーに乗り込んだ前回とは違いピリピリはしていないが、不思議な因縁を感じる。

オリオン座がくっきりと見えている。フェンスには誰も人がいない。

入国審査では、いち早く機内から出れたのに並ぶ場所を間違えてしまった。結局後から来た人達の後ろになり、思わぬ時間がかかってしまう。ビザとして二〇ドル（二五キナ）支払う。日本で言われていた写真は必要なかった。なんなく税関を過ぎ外に出ると、現地の旅行代理店「サウスパシフィック（South Pacific）」の人が出迎えに来ている。レンタカーを頼んであったので、その受け渡しに来ているのだ。細かく仕事の使命が書かれたクーポンをチェックし、閉まっている店を開けてもらい、レンタカーを借りる。

両替所に行くと警備が厳重だ。日本人であふれかえった部屋で非常に待たされる。私と白川さんが先に入って成田さんが外で荷物の番をされている。女優達のロケがあったりしたのは良かったが、ひとりぼっちでかなり不安そうな成田さんである。

外では、女優達がロールスロイスに乗り込む様子を撮影していた。いったい何処から調達してきたのであろう、その場違いな車は、女優達を乗せると空港前の広場をぐるっと一周しただけでまた元の位置に戻ってきた。

七時にもなるともう周りは明るい。人も多くなっている。タクシーの客引きを断りつつ我々のレンタカーを探す。見つかった車は「ターセル」であった。レンタカー屋のカウンターでは「タルセル」と言っていたので車種が判らなかったが、ようやく判明した。この駐車場から我々のホテルが見える。二、三分で目指す「エアーウェイズ（Airways）」に着く。コンクリートブロック造の粗末な建物だが、内装は美しい。到着が早すぎたため部屋のクリーニングが済んでなくレストランで休むことにする。フィリピン仕込みの白川さんは、

「笑顔、あいさつ」

を奨励されている。よっぽど効果があったと見え

「これが発展途上国でうまくやっていくための秘訣」

と力説されている。一方、成田さんは少々お疲れ気味のようである。それにしても部屋の掃除が遅い。日本なら五〜一〇分で済みそうなところが三〇分以上かかっている。結局二時間半も待ちぼうけをくらった挙句に一一時半頃やっと部屋を与えられる。

待ち合わせの午後一時になりフロントに降りるが、お二人ともおられない。部屋に電話をすると、腕時計の時差調整が出来ていなかったとのことだ（パプア・ニューギニアは日本より一時間早い）。

我々だけで町へ出る。レンタカーが大変役に立つ。左側通行であるのも便利だ。ポートモレスビーのダウンタウンは二度目であるので気楽である。しかし街は変わっていた。高層のビルがいくつも建っていたし、前回怖い思いをした「Ｐホテル」はすっかり取り壊されていた。また銀行の後ろには日本のゼネコンの大きな現場があり、ますます変貌を遂げようとしている。そんな中

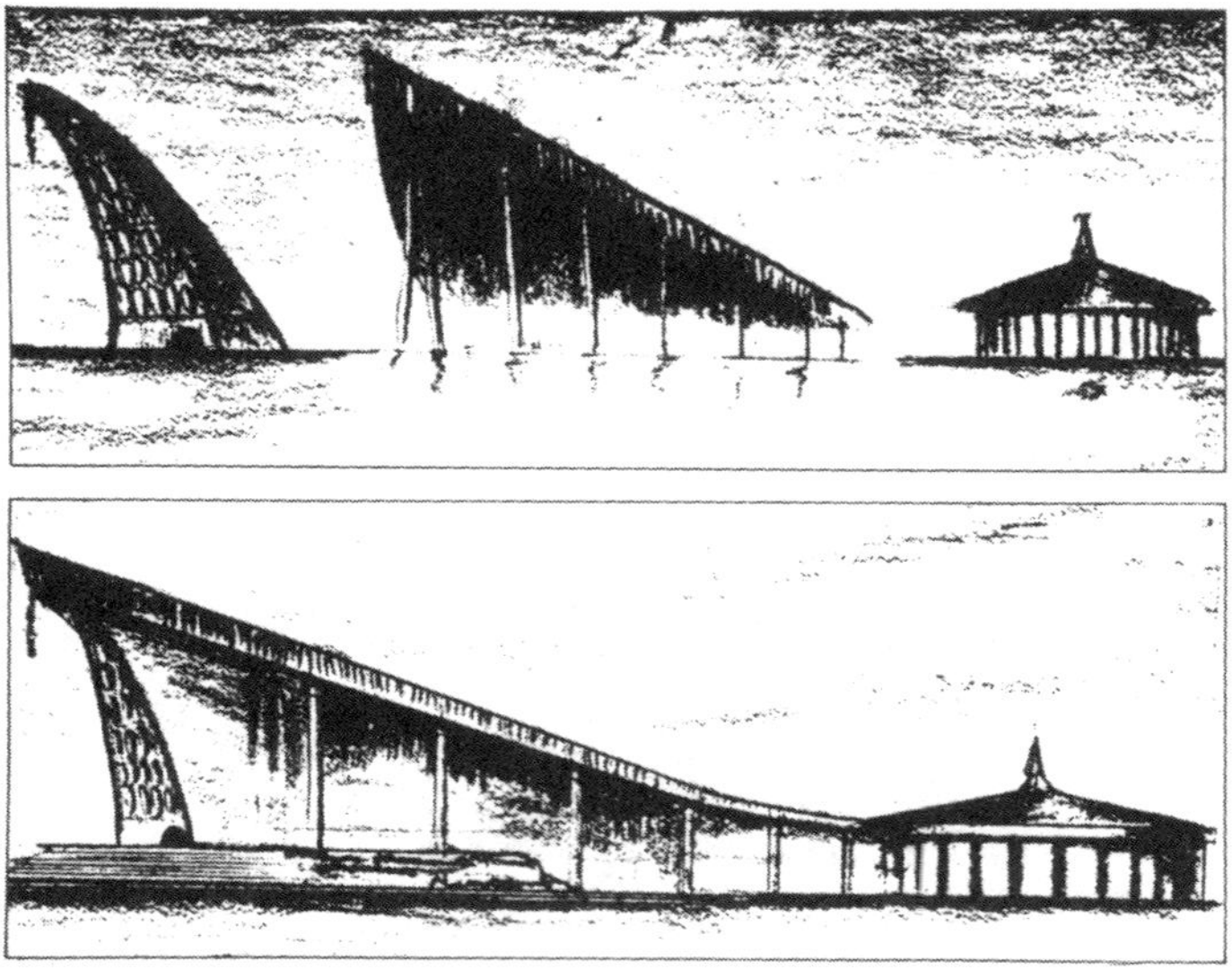

ハウスタンバランをモデルにした国会議事堂。（パプア・ニューギニアの教科書より）

で昔と変わらず丘の上にそびえたっている高級ホテル「トラベロッジ」で遅い昼食をとる。早朝三時半以来の食事であったのとバイキングであったので、もう無心にガツガツ食べる。

　スーパーに寄って買い出しをした後、官庁街まで足を延ばす。国会議事堂を見るためだ。この国会議事堂は、ハウスタンバランをモデルにしている。確かに尖った屋根、独特の模様はハウスタンバランを象徴的にしているというのが直ぐに判る。しかし正確には二つのタイプの伝統的建築物が合わさった形となっているようである。因みに国会議事堂建設費用はインフレによって一九七五年の独立当時の予算と一九八四年の竣工時の費用とでは四倍にも膨れ上がってしまったそうだ。そのため折角の国家統合のシンボルもかなりの批判の対象になったようだ。また、デザインがイースト・セピック州の文化遺産に偏重しているのではないかという批判もあったらしい（西岡義治『メラネシア紀行南太平洋の現実』日本貿易振興会）。

この官庁街ワイガニ地域にある他の建物は、建物同士の間隔がかなり空いており、閑散として見える。都市開発が中座したようにも見える。また今日が日曜日で人気がないこともあるのだろうが、随分広く感じる。岬に広がるエラビーチでは、無邪気に遊ぶ子供達を見る。久々のポートモレスビーは、いったい何処が危険なのかというようなゆったりとした雰囲気である。

図書館や地図販売センターを下見してホテルに帰った後、成田さんの部屋で酒盛りが始まった。成田さんが南鳥島に行かれた話や仕事関係の話などを肴に、関空で買った「軽井沢一五年もの」が確実に空いてゆく。

5　ハウスタンバランの文献ないか〜

月曜日。いよいよ活動開始である。ハウスタンバランに関する資料をポートモレスビー市内で集めるのだ。レンタカーを繰り出し、先ずはダウンタウンにある日本大使館へ行く。我々の目的と行動予定を知ってもらうためだ。アポなし訪問である。飛び込み訪問に慣れている私には違和感がなかったが、お二人には抵抗がおありであったようだ。一方、二等書記官（現在は一等書記官）の井龍さんはいきなりの客にも快く応対してくださった。三〇前に見えるお若い風貌の彼は、この二月中旬に外務省の総務から赴任されたばかりとか。短い経験の中、一所懸命アドバイスをしてくださる姿に好感を持った。

大使館を後にして、昨日行った新興の官庁街に向かう。

まずは「国立地図編集局地図販売事務所」を訪問。主にセピック川流域と訪問地であるマダンとポートモレスビー、それに全国の地図も購入する。地域の地図は一〇万分の一というもので、かなり詳しい。これが最も一般的な縮尺のようで、パプア・ニューギニア全地域に渡り二八〇シートが用意されている。奥地に入る際には必需品となるであろう。また、旅行ガイドブックに掲載されているオーエンスタンレー山系の断面図などもここで販売している。地図を手配する人と勘定をする人が明確に分かれており、部屋まで隔離されている。一枚一枚買った地図の名前が細かく手で明細書に記入される。そのためイライラするほど時間がかかる。しかしここはパプア・ニューギニア。事務処理作業をせっかちな日本の感覚で見るのは愚の骨頂というべきであろう。我々の呼吸の間に二回ほど深呼吸を入れるくらいが丁度良いのではないか。

次に「国立図書館」へ行く。明るい陽差しと南洋植物、それに平屋の建物ののどかな玄関前は図書館というより観光地のレストハウスという感じである。ここはこの国最大を誇る図書館だが、蔵書数六万冊という小規模なものである。因みに日本で最大の図書館である国立国会図書館の蔵書数は約七四〇万冊。私の住んでいる近くの区立の図書館でさえ七〜二五万冊もある。入口で手荷物を預け、薄暗い室内に入る。書棚の間の通路には裸足の男が座り込んで寝ていたりする。本を読んでいる人も多くは通路に座り込んでいる。この国一番の図書館としては品がないが、冷房も効いており、快適であるに違いない。何より気持ちよく本が読めるわけだから、これが最も本

首都ポートモレスビー。近代的なビルが建ち並んでいる。

来の目的にかなっているのかも知れない。

最近は「ジベタリアン」という地面に座り込む若者が東京で増えてきているそうだ。見た目は格好悪いが、やってみると変な解放感があるものだ。私も学生時代アメリカを一人旅した時、南部のニューオリンズで乞食のまねをしたことがある。勿論冗談ではあるが、地べたにへたり込んで、お皿を前に置き、「さくら」としてのペニーも忘れずに入れておいた。しばらくそのままいたが、何の反応もないので止めた。ニューオリンズは何と行ってもフレンチクォーターのバーボンストリートにあふれるデキシーランドジャズが有名だが、同様に野外で活動する画家達も有名である。やはりフランスの植民地であったことの影響であろう、パリのモンマルトルのような一角がある。若い画家が競って観光客の似顔絵を描いている。そうなのだ。いくら大道にいても積極的に行動を起こさないと何事も起こらないのだ。じっと座っているだけでは、誰も恵んではくれないのだ。モロッコのカサブランカのメディナ（旧市街）にいた乞食は

「アッラー！　アッラー！」

と大声でお椀を振り上げていた。メキシコシティの女乞食は赤ん坊をダシにファーストフードの店内に

「プリーズ！　プリーズ！」

と乗り込んで来た。しかしやっぱり「ジベタリアン」は楽だ。熱帯にあっている。

ところでこの図書館には「PNGコレクション（PNG collection）」という別室がある。発祥は一九一四年と古い。当時副総督であったフーバート・マレー(Hubert Murray)という人がポートモレスビーで最初の公会堂につくられた図書室の後援者となり、五〇冊の本を寄贈したことに発している。その後マレーの私的図書室は公共図書館へと受け継がれ、一九七八年に現在の場所に移っている。本、新聞、写真、レコード等約三万点の資料が保管されている。

ここで若い職員の方にハウスタンバラン関係の書籍を探してもらう。しばらく経って彼は一冊のハードカバーの本を持ってきた。「Sepik Heritage（セピックの遺産）」というものだ。セピック地方に関する全般的な調査と考察をしているもので、元々オーストラリアの出版で現在はアメ

リカに出版社があるという本だ。ただ、ハウスタンバランは二章取り扱われているだけのようだ。結局ハウスタンバランに関する資料はこの図書館でこれ一冊であった。

昼食はアイランダー・トラベロッジホテルの中庭でとった。風が少々強かったがバイキングで食事は満足である。スタイニーボトルの「SPラガー(South Pacific Beer)」でふうっと力が抜けてくる。このホテルでボブさんと待ち合わせをする。

ボブさんは「Department of TRANSPORT & WORKS」という役所にお勤めの英国人の高級官僚。しかし飄々とした風貌と「か細い」話し方は、高級官僚らしさをちっとも感じさせない。先月日本にやってこられたボブさんと東京の中野サンパレスで初めてお会いした。会の主催で「ボブさんの歓迎会」兼我々の「壮行会」が行われた時である。パプア・ニューギニアでご活躍ということなので自分なりに「剛健な人」というイメージを持っていたが、お会いすると拍子抜けという感じであった。英語に片言の日本語が混ざり、首をひねりながら恥ずかしそうに話される。最上階のレストランで食事と夜景を楽しんだ後、地下のカラオケボックスに行った。そこでボブさんは何と「北国の春」を日本語で唄われた。上手に唄われたのだが途中で泣き出され、声にならないという状況であった。彼はイギリス出身だが、独立前のナイジェリアに行き、ニュージーランド、日本を経てパプア・ニューギニアにやって来られたという経歴の持ち主。故郷のイギリスを思い出されて涙されているのではということであった。心優しい方である。また、奥さんは日本人で兵庫県のご出身。ポートモレスビーの日本大使館に勤務されている。イギリス人が日本人と一緒にパプア・ニューギニアで生活されている。誠に不思議な取り合わせである。ボブさんの役所は、日本風に言うと運輸省と建設省と労働省を合体させたような役所である。彼のメインの仕事は橋の建設であり、今後パプア・ニューギニアに二〇〇〇の橋を造る予定とのことである。その壮大な計画をぼそっと言われるこのミスマッチが妙である。

ボブさんは自分の車で資料収集の案内をしてくださる。

最初はパプア・ニューギニア大学の先にある「国立調査機関（The National Research Institute)」に行く。町の北のはずれにあるが、学校の教科書なども販売している。ボブさんは、事務所にいる体格のいい男性と親しく握手を交わしている。販売されている資料にはお目当てのものがなく、隣棟の図書館へ入らせてもらう。本というより資料が多く陳列されていたが、結局ハウスタンバランに関するものはない。次に「大蔵省（Depart of Finance)」の図書館へ行くが、予想されたことではあるが経済関係の資料ばかりで、建築関係はない。最後にボブさんの職場を訪問する。

「運輸労働建設省」は、鉄骨四階建ての建物で木々の間に位置している。大規模な公園の中に佇んでおり静かである。ボブさんは建築関係の人に会わせてくれる。しかし紹介されたアーノルドさんは、

「ここでは判らない。レイ（ラエ）の大学にマクラフという教授がいるから、彼に聞くのが良い」と言う。

マクラフ教授は、この道の権威だそうである。残念ながら図書館の文献以外の収穫は、次回へつなぐこの情報だけである。まあ、これも来てみないと判らないという手探りの調査の実態だ。

ところでこの役所には、多くの白人が勤務している。アーノルドさんはオーストラリア人で、ボブさんはイギリス人である。そういえばニューギニア航空の社長もオーストラリア人であった。これは発展途上国によくあることなのかも知れない。日本でも明治政府は、四六九名もの「お雇い外国人」を採用している（明治九年）。その半数が工部省に集中しており、その中では鉄道局、電信局、鉱山局が大半を占めている。そして国籍別には圧倒的にイギリス人が多い（井上光貞、永原慶二、児玉幸名、大久保利謙編『日本の歴史大系13』山川出版社）。古くは平安時代の政府が、帰化人（朝鮮民族）の秦氏を迎え、土木事業を起こしている。きわめて当たり前のことなのだ。

ボブさんの勤務される役所は最近行政改革で三つに分割されることになったようで、大変忙しそうである。それにも関わらず時間をさいてわざわざ来てくださった。本当に感謝したい。調子の悪くなった彼の車を修理をした後、ご自宅にお邪魔する。パプア・ニューギニア自慢のブルーマウンテンコーヒーをいただいてくつろいだ後、西村さんに連絡をさせてもらう。西村さんとは明日空港でお会いすることになっていて、その確認の電話である。西村さんはエスコートの段取りを考えていただいていた。これは有り難いことである。しかし西村さんは意外なことを言われる。

「まず最初にウェワクではなく、マダンに行って欲しい」

マダンというパプア・ニューギニア北部海岸の都市に住む西村さんの協力者にサムという男性がいる。彼の妻の一族がハウスタンバランの建築の専門家で、訪問予定のアンゴラムにあるハウスタンバランがその一族に属するとか。またその一族は国会議事堂の建設にも携わっているとかだ。その妻を同行させるために、まずマダンに寄ってくれという要請である。

一応明日お会いした時に打ち合わせをということにしたが、これは大変だ。かなりのキャンセルと予約それに資金が必要となる。何せ出発前、限られた予算の中、多くの労力をかけやっと創りあげたスケジュールである。変更は簡単ではない。それを聞くと皆んな落ち込んでしまったが特に白川さんに疲労の色が濃い。三人で話し合いをする。その結果、ご提案のとおり全員マダン経由でウェワクに入ることも止むなしということになる。ジャングルに入る前の身体慣らしにもなることであるし。

ボブさんは腰痛を我慢して、我々をダウンタウンの中華料理店に招待してくれる。商店街の近くの芝生では薄暗闇の中で焚き火がされており、怪しげな感じを醸しだしている。小さなスーパーの隣にあるその店は、広いが少々暗め。怪しげな人達がうごめいていそうな一角である。車でないとちょっと来れそうにないところである。

海鮮スープ、蒸し蟹のショウガ風味、イカの炒め物、エビの唐揚げ、チャーハン、チンゲン菜それにビール。店の雰囲気に反して料理はいずれも美味しい。シンガーソングライターのポール・サイモンは、チキンと卵の中華料理を食べたことからインスピレーションを受け、サイモンとガーファンクル解散後のソロデビュー曲「母と子の絆（Mother and Child Reunion）」（レゲエを世界的に知らしめた曲。イントロが何故か「ちあきなおみ」の「喝采」に似ている）を創り出したという(パトリック・ハンフリーズ著、野間けい子訳『ポール・サイモン』音楽之友社)。まあ棒棒鶏や天津飯でいちいちインスピレーションを湧かす必要はないかも知れないが、中華料理がある限り世界中どこに行っても安泰である。

「ウーッ！　ウーッ！」

帰り道のボブさんの様子がおかしい。彼は腰痛に加え今度はお腹を壊されたようだ。お腹を押さえて彼は自宅に走り込んで行き、今度は腰を押さえて出てこられた。誠に申し訳ないが、ホテルまで送ってもらう。車は脇道のようなところを走っているせいか、電灯も歩いている人も少なく不気味である。たまにいる人すべてがラスカルに見えてくる。夜なのに大きな焚き火が燃え上がっている。かなり物騒な雰囲気だ。

頭の中では、ラスカルとの乱闘シーンをシミュレーションし出している。

「ボブさ～ん、何でもええから、車だけは止めんといてね～！」

ひやひやしながらホテルに着き、ボブさんと別れ、部屋に戻る。日本に電話をかけるとオペレーター経由ではあるがつながる。東京は蒸し暑いようだが、皆んな元気のようだ。二歳の息子も出てきたが、相変わらず一瞬会話のようで実はそうではないという電話の受け答えをしている。まあ安心である。成田さんから朝食用のカップ麺をいただき、マラリアの予防薬を飲んで寝る。

ホテルにカジノがあるせいか、盛り上がった連中がわめいている。そして隣の部屋は激しいドア・ノックにあっている……。

6　仙人のような西村さん登場

西村さんは仙人のような風貌だ。

朝の七時四〇分に着かれるということで空港へ出迎えに行く。と、魚釣り用のベストに長袖シャツ、ジャージ、地下足袋に顔の高さまである長い杖といういでたちで荷物預かりから出てこられた。飄々としたその雰囲気は、遺骨収集活動に残りの生涯をかけてられるという闘志溢れるイメージとはかけ離れている。近くの野山にちょっと散策に来られたという感じである。何と言っても手に持ってられる白木の杖は、国際空港では目立っている。何でも街でラスカル（強盗）に襲われた経験から防犯用として携帯されているとのこと。一五年間一緒に暮らされているという子供がわりのミチン・サリガリさん（二八歳）がお伴をされている。

西村さんは彼が拠点としているオロ州の政府顧問として活躍され、州よりビザの延長を要請されているとのこと。そのため今回同行のミチンさんが西村さんのビザの申請を新たにされるとか。宿の手配をされていないということなので、西村さんには我々のホテルに来てもらい、一室に泊ってもらうことにする。

6　仙人のような西村さん登場

西村さんは大正九年生まれの七七歳。高知県出身。昭和一六年に二一歳で招集され、グアム、ラバウルを経て太平洋戦争時最も過酷な作戦の一つと言われる「ポートモレスビー攻略作戦（MO作戦）」に南海支隊の主力である歩兵一四四連隊として従軍された。標高一四〇〇メートルのブリゲードヒルで西村さんの第三小隊は豪軍と戦い、作戦に参加した同じ小隊の四二名のうち四一名が戦死。唯一人西村さんが生き残られたとのこと。その後、英領インドの攻略を目的とした「インパール作戦」に投入され、激しい戦闘をされている。戦後は機械製作の技術者として修行を重ねられ、昭和三五年からは東京大田区で「西村機械研究所」を設立されている。新宿副都心の高層ビル「京王プラザ」の鉄骨工事の一部やソニー本社ビルの改修工事も手掛けておられる。ソニーの場合は、盛田社長（当時）自らのご指名であったそうだ。また、糸川英夫氏が考案されたロケットの実際の製作もされたそうで、他人が出来ないような難しい仕事に好んで取り組まれたそうだ。しかし戦友への思い絶ちがたく、五九歳になられた時点で、仕事を止めパプア・ニューギニアに向かう旨を妻子に伝えられた。当時西村さんは鉄工所のオーナーであり、まさかの話に家族は反対されたようだ。何でもお見合い時に、「ニューギニアへ帰る」というのが条件であったそうなのだが、戦争直後の当時の感覚としては相手の親も「立派なこと」というものであったが、戦争が風化してきた昭和五〇年代後半の当時としては、「寝耳に水」ということであったのであろう、妻子とは結局話し合いがつかず、全財産を与えたうえで別れられたとか。汽船に身の周りの品を積み込み、昭和六一年パプア・ニューギニアに単身で乗り込まれた。

以来一年の大半をオロ州の州都ポポンデッタに住み、州の役人という立場から遺骨収集活動をされている（ポポンデッタはポートモレスビー作戦の出陣地に近いところにある）。ただ遺骨収集といってもパプア・ニューギニアの大半の土地は私有地であり、足を踏みいれることすら難しい。また遺品や遺骨が観光記念の「商品」として売られているケースもあるらしく、活動も簡単ではない。そこで西村さんは、道路を造ったり、技能訓練校を建設したりして地域への奉仕活動を行い、その対価として遺骨収集をされている。「ギブアンドテイク」である。もっともパプア・ニューギニアの人達の多くは、日本は昔我々に迷惑をかけたのだから援助してもらって当然という気のあるところが、この活動を複雑にしている。

また、厚生省社会援護局援護企画課によると、政府の遺骨収集は昭和二七年度の国会決議に基づき、第一次～第三次計画（昭和二七年度～昭和五〇年度）により実施されており、以後、有力な残存遺骨情報があった場合に遺骨収集団を派遣することとなっている。なお、昭和四八年度から実施された遺骨収集「第三次計画」は、遺族会や戦友団等の協力を得て実施され、その際、協力団体に対して補助金を交付することとなっている。また、平成七年度からは遺骨収集のほか散乱遺骨など緊急な遺骨収集や受領を行うため、「遺骨収集応急派遣制度」が新設され、厚生省職員のほか、遺骨収集経験者、現地の情報に詳しい遺族や戦友等の協力を得て派遣が実施されている。

東部ニューギニアでは、昭和三〇年以降平成一〇年までに一四回遺骨収集が行われている（昭和三〇、四四、四八、五六、五八、六〇、六三、平成元、二、三、四、七（二回）、一〇年の一四回である）。この間に約四万九〇〇〇柱の遺骨が収拾されているが、戦没者は全体で一三万人近くいるといわれており、四〇パーセントに満たない数となる。つまり八万人近くの遺骨が未だなお遺されている訳で、これを良しとせず政府を抜きにして遺骨収集に来られている方もいる（因みに、遺骨収集対象となる戦没者全体の概数は二四〇万人で、うち送還された遺骨の概数は一二三万柱である。約半数しか帰っていないことになる）。

一方パプア・ニューギニア政府は、遺骨・遺品はパプア・ニューギニア国外に持ち出すことを法律で禁止している。持ち出す場合はパプア・ニューギニアと日本との政府間協議による。このため許可なく遺骨・遺品を持ち出す行為は問題となってしまう。

兎に角、いろいろな困難を克服しながらも一九年間毎年活動されている。ポポンデッタにある西村さんの家には戦友の遺骨が奉られている。そこで一緒にいる方が落ち着くのだそうだ。

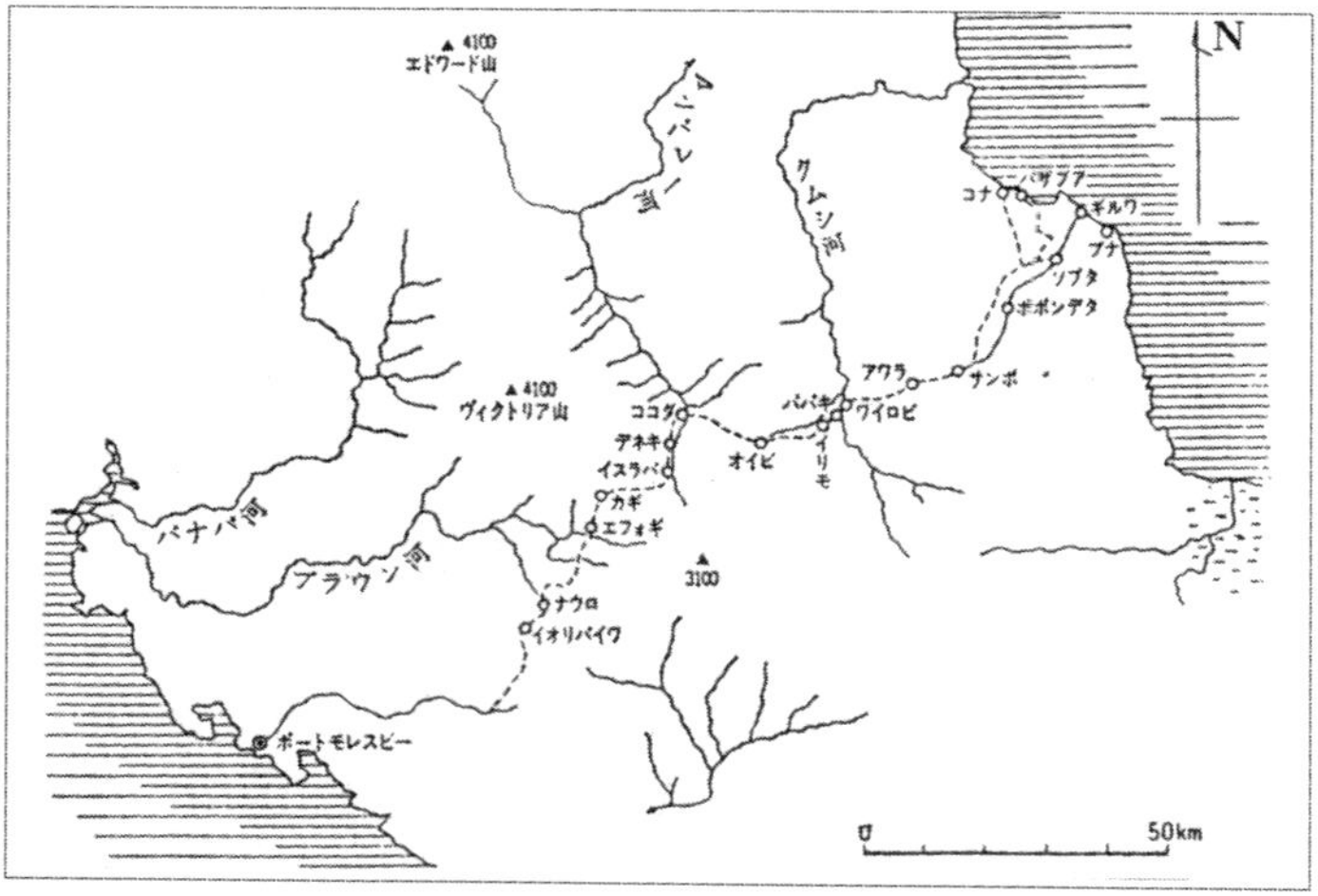

陸路によるポートモレスビー攻略作戦。（出典『戦史叢書』朝雲新聞社）

西村さんの主眼は「ココダ・トレイル」だ。

太平洋戦争の緒戦、ハワイ諸島及び東南アジアへと快進撃を続けた日本軍は、昭和一七年一月にはニューギニアをも攻略した。将来の連合国の反撃に備え、連合国の拠点になる可能性の高いオーストラリアとアメリカとを遮断するために、ソロモン諸島などのオーストラリア北東部に位置する諸島ならびにニューギニアの占領を狙ったのであった。

ニューブリテン島のラバウルとニューアイルランド島のカビエン（いずれもパプア・ニューギニアの北東部に位置する）を占領後、昭和一七年五月上旬ポートモレスビー攻略を目的とした海軍の南洋支隊、陸軍の南海支隊よりなる部隊がラバウルを出港し、南下した。東部ニューギニア（ニューギニア島の東半分）では、連合国が占拠しているポートモレスビーを手中に収めるか否かが以降の戦局に最も大きな影響を与えるからであった。しかし史上初の空母同士の海戦「珊瑚海海戦」による兵力の消耗と艦船の燃料不足等のためこの作戦は中止された。そして次いで起こったミッドウェー海戦での惨敗により海軍力が落ちたため海路からの作戦は断念され、陸路からの攻略へと方針が転換された。この新方針に基づき、陸海軍は七月二一日ニューギニア北東部のブナ地区に上陸し、ここを根拠地とした。

ブナの陸軍南海支隊一万一〇〇〇名は、大胆にもポートモレスビーを背後から山越えで攻撃すべくオーエン・スタンレー山系を進み、九月一六日にはポートモレスビーまであと三分の一の地点にあるイオリバイワまで到達した。しかしこの時期になると、連合国側の反撃が開始され、作戦半ばにしてブナ地区に向かって反転することになった。食糧不足やマラリアが蔓延し落伍者が相次いだ。この後も撤退は続くが、一方で南西太平洋方面軍司令長官マッカーサー大将が、一一月六日ポートモレスビーに再び進出し、連合国側の反抗が本格的になった。オーエン・スタンレー山系の中央部にあるココダ方面での連合国側の攻撃が激しくなり、南海支隊はブナ方面に圧迫されてきた。補給が困難になったにもかかわらず、ブナ地区の守備は続行されたが、昭和一八年一月二日ブナの守備隊は「玉砕」し、一月二〇日にはこの地区最大の陣地ギルワも放棄することになった。

オーエン・スタンレー山脈越えのポートモレスビー作戦は、航空写真から推定された簡単な地図に基づいて実行された。兵士は、道も無い密林でガリ版刷りの地図と一六日分の食糧しか持たされず標高二〇〇〇メートルの山を越えるという過酷な作戦であった。烈しい戦闘に加え、マラリア、飢餓、厳しい熱帯の自然に悪戦苦闘することになった。

当時南海支隊に同行した某新聞社特派員は、イオリバイワ占領後の様子を次のように述べている（防衛庁防衛研究所戦史室『戦史叢書　南太平洋陸軍作戦』朝雲新聞社）。

遂に攻め登った主峰の頂から我々は遙にパプア湾を望んだ。
「海が見えるぞ、モレスビーの海だ」
血みどろになった将兵は岩角の上で抱きあひ、泣きながら指差している。おゝこの山の前方はもはや、これまでのようにわれわれの視界を立ち塞いでゐた分厚い山は何もなかった。
鬱蒼たる樹海は波状の起伏をなして次第に低くなり、真直ぐ南の方向にあたって木の間越しに、山霧の切れ目と切れ目のあひだに、キラキラと光るものがある。まさしく海だ。パプア湾だ。（中略）さらにこの夜、山頂からわれわれはポートモレスビーの灯を見た。同市北郊外にあるセブンマイルズ飛行場のサーチライトがチラチラと見えるではないか。

西村さんはホテルのベランダから青く霞んだオーエンスタンレー山脈を指差しながら、一般的に伝えられている歴史とは違う事実を関西弁調のイントネーションでゆっくりとかつしっかりと

ホテルのベランダからオーエンスタンレー山脈を見る。手前はジャクソン国際空港。

語られる。

「海が見えたというのは間違いです。近くにあったダムの水が光ったのを誤認したものです。ここにダムがあり発電所があるということが判っておれば当然抑えたんですが、誰も知らないわけです。後で知って惜しかったなあという訳です。一日もあれば行けたんで抑えられたんです」

また、

「七八日間食べるものがありませんでした……」

と淡々と話される。


さらに怖しい話を聞く。

ポートモレスビー作戦での撤退は、ギルワ(現サナナンダ)という海岸から行われた。そこで最後の救助の舟艇が出航する際、乗船出来ない日本兵が多くいた。ほとんどの傷病兵にとって乗りそこねることは死ぬのも同然であった。乗りたいのに乗れなくて舟にしがみついた兵隊がいた。すると舟艇に乗っていた日本兵が、足手まといということであろうか、そのしがみついた兵の手を軍刀でたたき切ったそうだ。この光景を見た西村さんは止むなくクムシ川河口の岬まで海の中を首まで漬かりながら歩いて逃げられたとか。

その際、動けなくて陣地に残らざるを得なかった兵士達に、

「もし俺達が引き揚げた時に皆死んでたら、その遺骨は必ず拾って故郷に届けてやるから」

と言われたという。この約束を守るために西村さんは家族・全財産を投げ打って再びパプア・ニューギニアに来られたのであった。

「遺骨探しは、生き残ったものの役目です」

ポポンデッタの自宅では、毎朝遺骨を奉る祭壇にお供えをされている。

結局、西村さんだけがマダンに行かれることになり、ルートの変更に空港へ行く。時間はかかったが変更はきき、追加料金も安くつく。次いで昼食を取るために日本大使館の入っているビルへ出向く。大使館の下にあるレストランは、定食のメニューが多く、リーズナブルである。昨日お会いした大使館の井龍さんもおられた。「ハーバービュー」という名前のわりには、窓のない部屋での食事となる。

食事後、大使館と同じビル内の「ＰＮＧ矯正局（P.N.G. Correctional Services)」というとこ

ろに行く。西村さんが親しくされている人がいるので会いに行こう、ということになったためだ。何でもその人はブーゲンビル内戦の際の元司令官で個人的に世話をされた人とのこと。この組織の幹部だそうだ。どうも偉い方のようで、西村さんが木の杖をついてツカツカとオフィスを歩いて入っても、その方への訪問ということで丁重に扱ってくださる。我々はドカッとオフィス中央の椅子に腰かけている。しかし相手の人は来ない。片腕のない人が一所懸命探してくれるが見つからない。アポ無しなので仕方のないことなのだが、実にすまなそうに不在を告げられる。

スーパーに寄った後、「サウスパシフィックツアー（South Pacific Tour）」に行く。ホテルの予約を変更しようと思って「サウスパシフィックインターナショナル（South Pacific International）」を訪ねたつもりだったが間違えて来てしまったのだ。「サウスパシフィックツアー」は日本人が経営する旅行社で、事務所の隣では日本レストラン「大黒」も経営されている。

長年パプア・ニューギニアに在住の富田さんにお会いしてお話を聞く。すると、昨日日本人の乗った小船がニューブリテン島沖で転覆して二人が行方不明になっているとのこと。我々と同じ飛行機で来た人達である。午後三時に遭難者の氏名が公表されるとか。そういえば空港の両替所に多くの若い女性や夫婦連れがいたが、彼らの中の人達であるのは間違いない。人の運命というのはわずかなひとひねりで変わってしまう。我が身でなかった偶然が逆に恐ろしくもある。ホテルに帰り、電話で家族に無事を伝える。

7　イースト・セピックの主、川畑さん

いよいよ今日からイースト・セピック州に入る。

部屋で簡単な朝食をとり、ホテルの小さな売店でパプア・ニューギニア関係の本を買ったりしているともう出発の一〇時三〇分。ホテルをチェックアウトし、空港へ。今日の空港の両替所はガラガラで、暇そうな警備員が冗談を連発し、記念撮影に加わったりとご機嫌である。

空港の小さな売店でサンドイッチと生オレンジジュースというこれまた簡単な昼食をとるとやがてマウントハーゲン経由、ウェワク行きの搭乗となる。一二時四五分に離陸した機体はパプア湾の海岸沿いに北西に飛び、高度がぐっと落ちたと思ったら急に山々が迫り、ハイランド第一の町マウントハーゲンに着く。ここまで一時間のフライト。窓からはババロアみたいな形の山が大きく見える。マウントハーゲンの空港は市街地から一〇キロ程離れており周辺はのどかである

(もっともハイランド第二の町ゴロカも、空港が市街地に隣接していながら、のどかであった)。ビルム（麻や羊毛で編まれたショルダーバッグのような袋）がいっぱいぶら下げられている小屋が目につく。女優達はここでロケをする予定であるが、内容が楽しみである。

半分以上の乗客が降り、席はガラガラになった。これ幸いに席を窓側にかえ、ウェワクまでの空路を楽しむ。今度はハイランドの山並みやセピックの流れやジャングル地帯を見下ろす。眼を凝らすと細い道がつながったところに小さな集落が散見できる。それぞれに独特な部族が住んでいると思うと不思議だ。こんな奥地で部族間抗争になった場合、闘争手段として部族内を通る道を封鎖するということを聞いたことがあるが、うなずける。他に通り抜ける道がないのだ。要衝を抑えている部族はさぞかし幅を利かしていることだろう。セピック川は意外と川幅が狭い感じがする。やがて熱帯雨林は雲に覆われ、再び雲が切れると海上になる。機体は大きく右に旋回してウェワクの海と町を一周するようにして着陸する。

ウェワクはゆったりしている。これぞ熱帯という気候と雰囲気である。ポートモレスビーでのピリピリした空気とは大違いである。三人ほっとする。こじんまりした空港には、今夜宿泊するニューウェワクホテルから出迎えの人が二人来てくれていた。若い日本人の男性と現地人のドライバーである。日本人の若者は前田さんといい、東京農業大学卒業の二八歳。熱帯魚の採捕のためにウェワクに滞在されているとか。もうすぐ経営学と語学の勉強のために六ヶ月間アメリカへ留学されるのだそうだ。ベテルチューイング（緑色の木の実とショウガと石灰を口の中で混ぜくりながら噛む行為。若干の覚醒作用がある）のため現地人と同じように彼の歯は真っ赤である。焼けた肌、茫洋とした仕草、まったく南国人になりきっているという感じだ。トラックの荷台に乗せてもらい、ホテルまで行く。

ニューウェワクホテルは一九六〇年代に建てられた古いホテル。町の中央から海に突き出たウェワク岬（Wewak Point）の突端に建っている。この岬の付け根がウェワクのダウンタウンで古くから栄えている。セピック地方の調査団や慰霊団の拠点にもなっている。二二ある部屋はかなり朽ち果てているが、ロケーションがいいため屋外のバーからの眺めが素晴らしい。沖合いにムッシュ島やカイリル島も望める。ツインの部屋のみテレビがあるのは羨ましいが、シングルの部屋でもまあ特に不自由はない。ニューウェワクホテルの名前は、登記上は「パラダイス・ニュー・ウェワクホテル」で、地元では簡単に「ウェワクホテル」と呼ばれている。

オーナーの川畑静さんに会う。パプア・ニューギニアに二〇年も住んでられるが、印象としては全くギラギラした風ではない。細身に長髪、長髭、これまた飄々とした感じの方である。しかし彼の歴史は凄まじい。

大正一五年長崎県に生まれた彼は、父親の転勤で六ヶ月で京都に移った。京都府立二中を卒業後、昭和一八年海軍航空隊に入隊（一三期）。舞鶴、四日市、天理、宝塚、呉（P基地）を経て、

ニューウェワクホテルの玄関口。

山口県光市にあった第三特攻戦隊菊水部隊の第二分隊に配属された。つまり、人間魚雷「回天」の要員であった。

戦後はＮＥＴ（日本教育テレビ）の報道制作、朝日テレビニュースのカメラマンとして活躍された。昔、映画の合間にあった「映画ニュース」の製作をされていたそうだ。四九歳の時、アフリカを除く南半球の国々を渡り歩き、共同通信社が母体となった「奥アマゾン探検隊」（第二次後期隊一九七五年五月～一二月）に記録映画のカメラマンとして参加された。二〇年前、五四歳の時にパプア・ニューギニアに来られ、ソアマという村の酋長の娘を嫁にもらい、前任者に一億円の借金があったホテルを引き受けられた。ホテル経営も紆余曲折、色々な副業も失敗を重ねながら、借金の返済もあと一歩のところにこられたとか。奥さんとの間には三人のお子さんがおられる。因みに一番下の娘さんは何と川畑さんが六二歳の時のお子さんである。また細川護熙元首相が新入社員で朝日新聞鹿児島支局に配属された時には、彼の指南役を仰せつかったこともあるそうだ。元首相も川畑さんにかかっては「ゴキ（護熙）」呼ばわりである（彼の波瀾に富んだ人生は、講談社のコミック本『熱風』《松田尚正、企画・原案加藤雅毅》に豪快に描かれている）。

柱がセピック調に彫刻されている屋外のバーでSPビールを飲みながら、川畑さんと話をする。川畑さん自身、セピック川流域をほとんど全て訪れておられ、ハウスタンバランにもお詳しい。キリスト教の影響で破壊されているものが多く、彫刻の良いものだけしか残っていないそうだ。残っているものも観光客相手の土産物売り場になっているものが多く、あとは集会場とかほったらかしにされているものが多いのだそうだ。本来の儀式をしているのはチャンブリ地域等わずかとのこと。最早観光客が来なければつぶれるようだ。ただ建物の素晴らしいハウスタンバランは、チャンブリ、コロゴ、アンブンティ、ウィンゲイ等にあるらしく、彫刻の継承者もアンゴラムに一人いるとか。また我々の活動に役に立つのではないかということでセピックの専門家の人達のお名前を紹介してくださる。紙村徹氏（神戸市看護大学。パプア・ニューギニアの彫刻類にかけては第一人者）、小林繁樹氏（東京造形大学）、吉田集而氏（国立民族学博物館）、熊谷圭知氏（お茶の水女子大学）、斉藤尚文氏（中京大学）、豊田由貴夫氏（立教大学。言語学、民話がご専門。

「NOと言えない人類学者」と言われているそうだ）、大橋昭夫氏（株式会社パシフィックアーツ。オセアニア民俗美術研究者。彫刻を集めに一九八〇年頃から来られている）等々。現在、紙村氏はセピックに篭ってられるそうだ。

川畑さんは、パプア・ニューギニアについて語られる。

パプア・ニューギニアは植民地としてさほどたたかれていない。インドなどの様に宗主国から徹底的に搾取された訳ではない。独立したのも、民族の力で勝ち取ったというよりは、オーストラリアのリストラのおかげのようなもの。もう一〇～一五年遅くても良かった。この国は、いきなりコンピューターが入ってきたが、電卓がない。航空機も入ってきたが、自転車がない。良い医療機械が入ってきても壊れれば修理出来ないし、医者がいないばっかりに人が死ぬ。基本的なことが整備されていない。イースト・セピック州の予算は、何と与論島の半分以下の予算しかない（因みに、与論島の予算は年間五〇～七〇億円。日本の国土の僅か〇・〇〇五％しか占めない与論島に対し、イースト・セピック州はパプア・ニューギニアの九・三％を占

『熱風』に描かれている川畑静さん。

め、与論島の約二一〇〇倍もの面積がある。大体、国民総生産が日本が約四兆七〇〇〇億ドル《約五〇八兆円、一九九四年、一ドル＝一〇八円換算として》に対して、パプア・ニューギニアは約四七億ドル《約五〇八億円、一九九三年、同レート》。つまり一〇〇〇分の一である。物の数や活気が違うのはあたりまえだ）。

またこの国の人は働くことによって収入を得ることをもっと身につけないといけない、と強調されている。我々に対しても、

「この国の人にむやみに物や金をあげないで下さい。この国の人は乞食ではないんだから」

とおっしゃられる。しかし一方で、

「成人してからでは、この国の慣習が身についてしまって教育してもあまり効果があがらないと思う。いっそのこと生まれたばかりの子供を毎年一〇〇人くらいを日本で育てて教育するしかない。二〇年後には国の各分野で活躍、立ち上がらせてくれるのじゃないかと思う」

とも言ってられる。働かない習慣がはびこっているのであればそれは何とも難しいことだ。

そして川畑さんの人生の中で深く大きく沈み込んでいるのが、戦争体験である。

先にも述べたように、川畑さんは人間魚雷「回天」の搭乗員であった。

回天は、当時世界一といわれた「九三式魚雷」を二本つなぎ、真ん中に操縦席を取り付けた魚雷の改造品。頭部に一・五五トンの爆薬を装着した、長さ一四・五メートル、直径一メートルの

搭乗員自らが操縦する一人乗りの特攻兵器である。潜水艦に搭載され水中発射された。敵艦隊に体当たりし撃沈させるのが目的であり、連合軍より「海を潜ってくる神風」と怖れられた。

回天は、不利な戦局を背景として特殊潜航艇艇長講習員であった黒木博司中尉と仁科関夫少尉（位は当時）によって呉のP基地（倉橋島大浦崎にあった特殊潜航艇訓練基地。機密保持のため記号で呼ばれている。因みに倉橋島大迫にはQ基地というのもあった）において考案された。なお「回天」は「天をひきまわす、時勢を一変させる」という意味である。

昭和一九年一一月八日、三つの潜水艦を母艦として、各艦に回天四基計一二基、搭乗員一二名で編成された「菊水隊」が、ウルシー環礁、パラオのコッスル水道に停泊している敵艦船を攻撃するため、徳山湾にある大津島《おおづしま》基地を出航した。続いて「金剛隊」がグアム島アプラ湾を目指して出撃した。そして、遠くニューギニアのアドミラルティ諸島やホーランジア（現ジャヤプラ）まで進出している。回天は当初は停泊している敵を攻撃する「泊地攻撃作戦」を決行したが、昭和二〇年四月には航行している艦隊を攻撃する「洋上作戦」に、さらに戦局の悪化に伴い三月以降には本土決戦にそなえ、太平洋沿岸各地に防衛基地回天隊を配備した「邀撃作戦」にと作戦を後退させていった。この間、二四四基の回天が投入されている。

そして回天は「脱出装置」がなかったことから生還の手段を持たない、つまり九死に一生もない「十死零生」（森本忠夫『魔性の歴史』文藝春秋）の兵器であった。

回天全容。全長は14.75Mある。右後方の胴体が細くなった部分以外は実物である（全国回天会事務局長・河崎春美氏談）。（靖國神社「遊就館」）

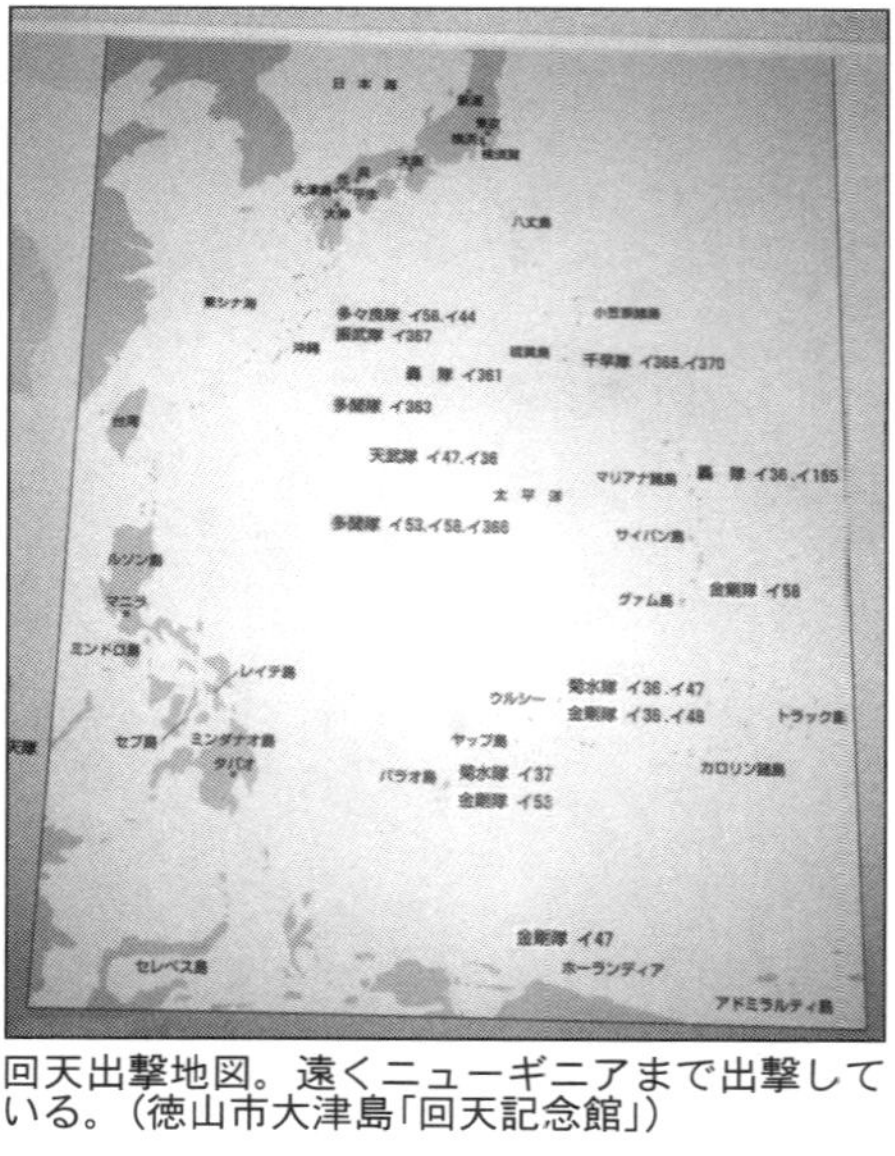

回天出撃地図。遠くニューギニアまで出撃している。（徳山市大津島「回天記念館」）

回天の内部。前後２つの魚雷にはさまれて操縦席がある。（徳山市大津島「回天記念館」）

人間魚雷「回天」とは

当時世界一の性能を誇った九三魚雷を活用した一人乗り特攻兵器。潜水艦に搭載され、水中発射された。「脱出装置」がない「十死零生」の必死兵器であった。大多数は20歳前後の若者が搭乗した。

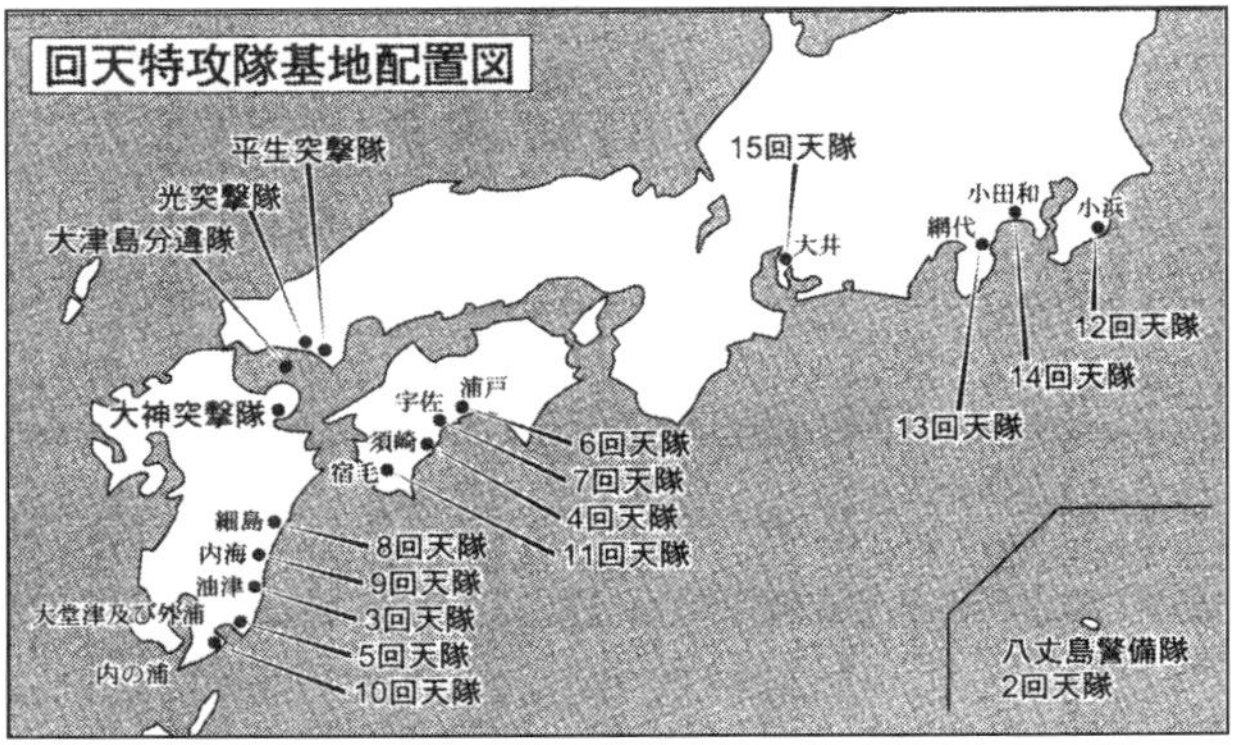

昭和20年３月以降には米軍の本土侵攻を迎え撃つ目的で太平洋沿岸に多くの回天隊が配備された。この場合は潜水艦に搭載されず直接出撃する。（武田五郎『回天特攻隊学徒隊員の記録』光文社）

人など誰かかりそめに　命すてんと希まんや

小塚ヶ原にちる露は　止むに已まれぬ大和魂

(仮にも命を捨てようと望むものなどいようか。それでも敢えて野原に露が散る（＝人が散華《さんげ》する）のは止むにやまれぬ大和魂があるからである)

と詠んだ黒木中尉はP基地で同室の仁科少尉と共に回天の採用を度重ねて進言した。基本設計図を携えて、呉海軍工廠のみならず東京の海軍軍令部・軍務局まで二度にわたり説得に行っている(海軍工廠とは、軍船を建造する造船廠と兵器等を製造する造兵廠が合併してできた機関。購買や実験等も行う。因みに呉海軍工廠では戦艦「大和」も建造されている)。その熱意の結果、昭和一九年二月末「〇六兵器」という名で試作が開始されることとなった。そこでは「脱出装置」の設置が条件となっていた。しかし検討を積み重ねても「脱出装置」が組み込まれると回天の性能が格段に落ち、実戦部隊の要求レベルには到底達しないという問題が残ってしまった。仁科少尉は「工廠側が脱出装置をつけるならば、おつけになって結構です。その代わり私たちは出撃するとき、そいつを大津島の基地に置いて出て行きますから……」と眉を吊り上げてキッパリと言い切った。祖国に身を捧げ「生きて虜囚の辱しめを受くることなかれ」と考えている彼らには「敵前脱出」という気持ちがもとより無い。結局彼らの熱意に圧され、脱出装置は「割愛」されたまま開発が進んだ。

設計、実験、試作の現場ともすべてにおいて突貫作業がなされた結果回天が完成し、大津島基地に送りこまれた（以上は『回天』回天刊行会による）。
結局「生還の手段を持たない兵器は採用しない」という海軍の大原則も曲げられた。隊員達は「〝悠久の大義〟と言われた『皇国史観』に基づく、日本のある時代の、相対的な、余りにも相対的なパラダイムに身を投じ、壮烈かつ無残に散華したのであった」（森本忠夫『特攻』文藝春秋）
その上元々人間魚雷として独自に部品が設計されたものではないため、故障や事故が多く訓練中にも犠牲者が多数出た。並外れた熱意をもって回天の完成にこぎつけた黒木大尉（中尉より昇進）も、訓練中に事故にあってしまい、樋口大尉とともに艦内に閉じ込められたまま絶命してしまった（昭和一九年九月六日のこの殉職第一号の事故に関しては、事故が発生してから酸欠で亡くなるまでの克明な遺書が残っており壮絶である）。全搭乗員一三七五人のうち一〇六人が亡くなった。また、その他に回天を搭載し出撃した親艦である潜水艦の乗組員八一〇人が未帰還となっている（数字は全国回天会の資料）。

元大洋ホエールズ社長で回天八期搭乗員であった武田五郎氏は、著書『回天特攻学徒隊員の記録』（光文社）の中で回天作戦の困難さを次のように述べている。

回天搭乗員は、戦艦、空母を撃沈せよと言われて訓練に励んだ。しかし米軍の戦艦空母といえば、近代科学の粋を集めた艦であり、艦長以下多くのエキスパートが操艦運航。しかもその周囲は、多くの対戦哨戒機や駆逐艦が、厳重に護衛を固めているのだ。

このような艦を目標にして一騎打ちをやろうというのだから、その意気たるやまことに壮とするが、実際には不可能を可能にせよというようなものだ。


昭和二〇年八月、「全員特攻出撃」という、所謂「玉砕せよ」という命令。過酷な毎日に
「死ねば楽になれる」

そんな川畑さんの気持ちだった。

しかしながら何と決行日のわずか六日前に終戦となってしまった。

「戦争と一切関わらないで生きていこうと思ったが、変なもんで結局無茶苦茶関わることになってしもうた。なんか引き寄せられた感じですわ」

川畑さんはしみじみと語られる。


アイタペ方面に沈む夕陽は朱く悠遠である。

女優達の取材の様子は、既に川畑さんの耳にも入っていた。いろいろとドタドタがあったようだが、ポートモレスビーから三五〇キロ以上も離れているのに、情報ネットワークは凄いものだ。特にマスコミのご出身だけに見方はするどい。

天ぷらと味噌汁とごはんの夕食をいただく。

「やっぱり日本人は日本食で身体ができとるんやから、これに限る」

川畑さんは豪快に笑いながら語られる。

8　アンゴラムへ爆走！

ニューウェワクホテルは朝食にも、ごはんと味噌汁が出る。他に目玉焼き、ベーコン、ソーセージ、コーヒーも出るが、和食はほっと落ち着くものだ。それほどゆっくりする間もなく、セピックでの調査をエスコートしてくれる西村さんとマダン在住のサム氏の妻を空港に迎えにいく。

夜、大雨が降ったらしく、道路やその周辺には矢鱈と水溜りがある。町の東方にある飛行場に我々のトラックが着くと、八時五〇分着の飛行機が一〇分遅れで丁度降りたってきた。西村さんが杖を持った相変わらずの姿で現れると、次いでサングラスをかけ、頭をジャマイカ風のドレッドロック（細かい三つ編みのチリチリ頭）にした、いかつい男が現れた。

「この男が、噂のサム氏……」

　小柄だがガッチリした体格で、いかにもブイブイいわせているという感じである。さらに四人ほど取り巻きが現れる。いずれも屈強な男達である。何か様子がおかしい。国会議事堂の彫刻を請け負った一族であるというサム氏の妻がいない。いかつい男を西村さんから紹介されると、やはり彼がサム氏であった。何でも妻の代わりに連れてきたとのこと。我々の目的地が彼の妻の実家であるということもさることながら、それにも増してアンゴラムまでの道中に「ラスカル」という強盗がよく出るので「運転手」と「用心棒」を兼ねられる彼が最適ということのようである。

　西村さん曰く、

「毒には毒を」

である。ということは、このサム氏は「毒」なのか⁉　しかしそれにしても五人もの用心棒がついて、なおかつ西村さんは本物の「用心棒（杖）」まで持って、進まなければならない街道とは……。

　そして雲行きが怪しくなってくる。西村さんが滞在のためのビザの申請の件で副首相に会うため急遽四日後にポートモレスビーに帰られることとなった。チケットは既に買ってあり、変更の手続きが必要だ。またサム氏はレンタカーを既に手配していたとのことで、我々が予約していた分との段取り替えが必要となった。

「アンゴラムへはすぐに出れそうにない……」

ダウンタウンへ向かう。商店街の真ん中にあるニューギニアの事務所で空路の変更手続きを行う。待ち時間があったので、西村さんがサム氏と、西村さんが可愛がっているクロメント氏というアンゴラム出身のおとなしそうな青年に指示をされる。

「マイケル・ソマレ、アポイント、メイキング、オフィス、ゴー、ハーリーアップ！」

サム氏とクロメント氏は、急いで事務所を出ていった。何でも、元首相でイースト・セピック州の州知事であるマイケル・ソマレ氏に会うために、彼の事務所にアポイントを取りに行ってこい、ということであった。唐突な話である。これまた

「すぐに出れそうにない……」

まあ今後の活動にも役に立つのではないか、と彼らの帰りを待つ。しかし一向に帰ってこない。西村さんの手続きは順調に終わったが、二人が帰ってこない。我々はイライラしてくる。一時間以上かけてやっと二人が帰ってくる。しかしソマレ氏は予定がいっぱいで会えないとのことである。やはり、元首相で現在も実力者であれば、突然の訪問は難しいといえる。

レンタカーの事務所は「インターナショナル・ビーチ・リゾートホテル」という海沿いの立派なホテルの中にある。このホテルは地元では「ウィンジャーマー」と呼ばれている。事務所で手続きをした後、隣にあるレストランで昼食をとる。スパゲティが八キナと手頃だ。久々に安心できる値段である。海が見えるテーブルで料理を待っていると、奥のテーブルにぞくぞくと人が入っ

てきた。白人の男性に次いで、現地の人がやってくる。一〇人位のその一行は、眼鏡をかけた小太りの現地人を中心にして座った。彼が、マイケル・ソマレ氏である。雰囲気では、オーストラリア人が商談にやって来たという風である。私は昔、ドイツの企業との契約交渉に携わったことがあるが、ハードネゴの中でも、食事だけはニコニコと和やかにしたものだ。この風景もまさしく交渉の合間のランチという感じである。

マイケル・ソマレ氏がのっている紙幣。
（協力　ニューギニア航空）

マイケル・ソマレ氏は、パプア・ニューギニアの初代首相。一九七五～八〇年および一九八二～八五年に首相となり、これはパプア・ニューギニア歴代の首相の中で最も長い在籍期間である。警察官であった父の勤務先の関係で一九三六年にラバウルで生まれた彼は、六年後に両親の故郷であるセピック川流域のカラウという村へ戻る。ウェワク、ソゲリで教育を受け、その後教員、文部省の職員、ラジオ局のアナウンサー、公共企業協会副会長、労働組合書記長を経て、一九六七年にパング党を創設。独立前の一九七二年より連立政権の首相を勤めている。太平洋戦争のさなか当時九歳の少年であった彼は日本軍がつくった寺子屋に約一年程通ったこともある（この時の日本人に対し、彼は大変良い印象をもっている）。現在はイースト・セピック州知事ということで相変わらず実力者である。

西村さんが挨拶に行かれる。しかしながら随分取り込んでいる風であり、ソマレ氏は直ぐに席に戻っていった。

「さあ、いよいよ出発だ！」

我々は一旦ニューウェワクホテルに戻り、荷物の入れ替えをして午後一時半にスタート。ランドクルーザーは、船着場のあるところでメインストリートから右折し、山道に入って行く。

「案外、舗装道路が続きますねぇ」

と話していたが、それも最初の三〇分で終了。後はガタガタ道ばかり。無料の「全身マッサージ」が続く。但し手足は突っ張っているため辛い。

運転手は「毒には毒を」のサム氏。助手席には杖を持った西村さん。後部座席に我々三人。そして荷台にクロメント氏と「用心棒」三人。九人の大ツアーである。なお「用心棒」の内の一人は、巨漢で「ジャマイカ頭」、そのうえ腕に刺青をしている。これは恐いもの無しである。但し、我々の味方である限りである。彼らに支払うボディーガード費用に関しては全て西村さんにお任せしてある。彼らが味方でいてくれるかどうかは、ひとえに西村さんのマネイジメントにかかっている。

鬱蒼とした熱帯雨林が続く中、時折視界が開ける草原に出る。と、地元民の一団が見えてきた。

道路に群がっている。

「出た〜！　刀を持ってる！」

見ると皆んな手に蛮刀を持っている。大人も子供も。刃渡り三〇センチくらいの刀である。集団で何かの収穫をするためだろうか。あるいは護身用であろうか、はたまた襲撃用であろうか。それにしても、もし襲われたらほとんど抵抗は出来ないであろう。サム氏や「用心棒」は一体どうしている⁉　見ると彼らは、にこやかに手を振っている。やはり、

「笑顔、あいさつ」

がここでも最大の防御か。我々の車が通ると、彼らは難なく道をあけてくれた。

「セーフ……」

一団に女性と子供が含まれていたのと、そうは言ってもこちらが大人数であったので随分心強かった。ひょっとしたら「レイバーデイ」（勤労奉仕の日）で草刈りに出ていただけなのかもしれないが、一応多くの凶器を持った群集である。


昔、高校の授業で、選択科目として「工芸」をとった。授業では主に木工細工をするため、ノミなどの刃物をよく扱った。そしてその工芸の教師はちょっとユニークであった。彼は次のような持論を持っており、毎度毎度力説していた。

「人間は古い時代、刃物で人や動物を刺していた。そして人間は、刃物を持つとその時代の状態に

戻ってしまう。これを『先祖帰り』という。『先祖帰り』をすると、他人を傷つけてしまいかねない。よく新聞で殺人事件の記事が出て、
『あんなにおとなしい人がこんなことをするなんて信じられない』
ということが書いてあるが、それは当たり前なのである。刃物を持ったため『先祖帰り』したのである。したがってこの授業中で刃物を持った時は他人に一切話し掛けないように」
この教師はかなり厳しく、実に静かな授業が続いた。この時以来、刃物を手にすると条件反射的に「先祖帰り」の言葉が浮かんでくるようになってしまった。

兎に角、今回は「先祖帰り」も無く、ホッとした。

しばらく山道を行くと、突然露店が現れた。木で簡単に台と屋根が作られているもので、果物が並べられている。西村さんはマンゴと小さな明るい紅色の果物を買ってこられた。小さな果物は「ラオラオ」というもので、子供のおやつになっているものだそうだ。いくつかいただいたので早速食べてみる。中は空洞になっていて、皮はサクサクしている。甘味はあまり無い。むしろ苦い。子供のおやつにしては随分渋いものだなあと思う。

単調な熱帯雨林が続く。こんな中を日本軍は逃げまわっていた訳だから、その苦労の一端が判

る。

因みに、パプア・ニューギニアは植物の種類がかなり多いと言われている。同じ維管束植物（シダ植物及び種子植物）の種類の比較では、日本で五〇〇〇種前後、アメリカで三〇〇〇種前後、ニュージーランドは二〇〇〇種前後に対して、パプア・ニューギニアは一五〇〇〇種前後と植物相が相当豊富であることが判る（堀口和彦・松尾光著『パプアニューギニアの薬草文化』アボック社出版局）。

アップダウンを繰り返している内に、木造の民家が見え隠れする。そしてまたもや人の一団が道路に現れた。

「また出た！」

今度は行列である。蛮刀はない。葬式なのかお祝い事なのか判らないが、簡単な神輿の後にギターやドラムの「楽隊」が続く。これを見たサム氏は神妙に合掌をし始めた。神輿の上にはマリア像が乗っている。サム氏によると、お祭りのパレードだとのことだが、今日は八月一四日なので或いは「お盆」の行事か⁉

車はさらにぶっとばされて行く。赤い土がもうもうと舞い上がる。荷台にいる「用心棒」達は、すっかり真っ白になっている。自慢の刺青も冴えない。

やがて視界が開けると、そこはアンゴラム。約二時間半のドライブであった。この国に来て初

アンゴラムの露店。ビートルナッツ等が売られている。後方はセピック川。

めての自転車を見たと思ったら、車は左折し、あっという間にお目当てのハウスタンバランが現れる。郊外にでもあるのかと思っていたが、あまりにあっけなく登場してきた。考えてみると、ハウスタンバランは本来村の中心にあるべき施設なのだ。

それにしてもあまりに貧相な姿であるのに驚く。思っていたよりも小さく、すけすけである。壁も床もない。木の柱が切妻の屋根を支えている姿だけである。いかにも弱々しい。ハウスタンバランの背景にあるセピック川も思いの外狭い。河口はもっと広いのかも知れない。ただアマゾンのイメージを持っていたので、随分小ぶりに感じる。

以前所謂アマゾンの名で流れ始めるブラジルのマナウスとその周辺を旅したが、その時は老人の操縦するちっぽけなポンポン船に乗って周遊した。本流の「茶色い川」ソリモンエスと支流の「黒い川」ネグロの合流地点は水が混じりあわず一〇キロ以上に渡って茶と黒の二色が分かれて流れていた。大量のカフェオーレとブラックコーヒーが流されているという感じである。その地点は川幅もかなり広く、世界の酸素の五分の一から四分の一を生産しているというスケールのでかい熱帯雨林の「大河」という感覚にぴったりであった。餌なしでピラニア釣りをしたり、オオオニバス（蓮のバケモノ）を見たり、小さなカヌーに乗り替えてナマケモノなどを生獲りにしたりしたジャングルの中の狭い水路も魅力的ではあったが、まずは「大河」であることに衝撃を受けた。

一方、セピックは乾季であるためか穏やかである。対岸遥か向こうに焼畑の煙がゆったりと昇っている。しかしよく見ると手前の岸壁は何ヶ所かえぐれている。セピックは土手を侵食し、徐々にその流れを変えているのだ（セピックの侵食が烈しいことは一〇年前の地図の地形が当てにならないことでも判る。土地がえぐられたため村ごと移転しているケースもある）。その横の川岸では多くの露店が出ており物が売られている。そして客も売り子も一斉に我々の車の方を向いた。視線の集中攻撃を受ける。

アンゴラムホテルに着く。

ハウスタンバランのすぐ近くにあるが、表はどう見ても朽ち果てた「倉庫」である。サム氏は別のモーテルがないか探してくると車で言って行ったっきり戻ってこない。待っていても埒が開

アンゴラムホテル。正面奥が宿泊所。

かないので「廃屋」の中へ入る。しかしながらしばらく歩くときれいな芝生がひろがり、坂の下に一見きちんとしたコテージが連なる。宿のおばちゃんと話をした後、部屋に入る。ベッドが二つ置かれているが、照明は壊れシーツは臭い。小型の冷蔵庫もあるが、開けると蟻が這っている。洗濯をしシャワーを浴びるが、何だか油くさい。白川さんは消毒液の匂いではないかと言ってられる。Tシャツが匂いでしみつきそうだ。建物は高床式になっており、床と地面とは距離がある。その床にトイレの配管が貫通しているが、トイレの配管口には床板との取り合い部に隙間ができている。白川さんからガムテープを借り、せっせと隙間を塞いで虫除けスプレーを撒く。陰気な部屋だが小休止する。六時になってやっと電気がつく。と思ったら急にライトが消える。クーラーをまわすとライトが消えるのだ。ジェネレーターの力が弱いに違いない。

夕食は一階が壊れ結果的に高床式になったような木造建物の二階でとる。ここでも電気がついたり消えたりだ。憂鬱な中、もっと憂鬱なことが起こった。夕食のメニューが嫌いなチキンなのだ。しかし他に食べるものはない。仕方なく申し訳程度チキンを食べ、副食のライス、ニンジン、インゲンマメを肴にビールを飲む。西村さんの昔話をお聞きしながらアンゴラムの夕べは過ぎてゆく。

電気は一二時までということで、タカをくくって日記を書いていたら、一〇時に突然ブチッと切れた。これは困った。何せ部屋の内外とも真っ暗である。秋葉原で買ったヘッドライトを手さぐりで探すが、悪いことに電池が入っていない。電池を何とか探しだすが今度は付け方が判らない。窓から外を見ると、月と星が熱帯の大地に煌々と光を降りそそいでいる。光はあまりに白く、周囲はあまりに黒い。

「案外明るいんだ……」

夜目にも慣れ、何とかライトを付ける。真っ暗というのは本当に不安なものだ。隣の部屋から漏れるイビキに安堵しながら寝ることとする。

9　ままならないハウスタンバラン調査

いよいよ今日はメインイベントのハウスタンバラン調査。そう思うためか、五時頃から眼が冴えて眠れない。

朝食をとった後、マラリア蚊に刺されないために衣服や虫除け薬で「完全武装」しホテルを出る。「用心棒」達がワンサカついてこようとしたが、クロメント氏一人を測量助手として指名する。ホテルの前のなだらかな草むらの道を降りて行く。ところどころ草が焼かれた跡を見ながら歩くと、ハウスタンバランの裏口に到着する。

このハウスタンバランは、近づくとかなり大きな木造建築物である。切妻の屋根は、一瞬、白川郷・五箇山（岐阜県・富山県）に建っている「合掌造り」を連想させるが、こちらは壁も床もなくガランドウの状態になっている。また、地面を掘った穴に柱がはまっているだけの所謂「堀立て小屋」である。

まずは平面図の制作にかかる。成田さんと白川さんが通りを書かれ、次に測量に入る。ここで小型の超音波距離測定器が登場する。図面の書けない私はもっぱら測量の助手になる。図面台の代わりになる書類用のファイルをかざして超音波の反射盤とし、柱間の長さを測る。

「川口さ〜ん、『芯芯』でお願いしま〜す」

建築の実務には疎いが、商売柄それくらいは知っている。柱の中心にファイルを持ってくればいいのだ。

「は〜い。了解しました〜」

しかし、そうは言ったものの、柱の「芯」がどこか判らない。つまり柱が曲がっているのだ。それもかなり曲がっている。協議の結果、足元で統一しようということになる。このハイテクな測量の様子に、いつの間にか集まった多くのギャラリーも驚いている。柱間を測り終えると、成田さんは矩計図の作成、白川さんはスケッチに入る。私はすべての柱と束の撮影を始める。柱も束も一本の束を除いて全部に彫刻が施されており、一本一本デザインが違う。また柱の裏面と表面から二方向に向かって彫刻されているものと、四方に向かっているものとがある。

この建物は一九六〇年に復元されたようだ。柱が取り替えられていたり、補強されたりしている。それにしてもハウスタンバランの起源は一体いつなのであろう。

地主らしき男に聞いてみる。

「ハウスタンバランはいつからあるのか？」
「人間ができた時から」
「……」

質問した相手が悪かったようだ。また質問の内容が悪かったようだ。彼らにとってはいつからあろうがそんなことはどうでも良いのだ（因みにニューギニア人は四～五万年前から住んでいたという説がある）。また確かに人が個人生活の段階を過ぎ、集団生活を始めた時から存在していても不思議なことではない。ハウスタンバランは集団生活の中でこそ必要な施設である。

また、去年セピック川で洪水があったらしく、建物がいくつか壊れたそうだ。天井幕とおぼしき木の皮が天井裏に収納されている。壁と床があればかなり見栄えのするものであったろう。但し設計図を書くのには好都合である。何しろ構造躯体が丸見えなのだから。

この建物の建設にあたっては監督が三人いたそうだ。現場監督の他に調達の監督と彫刻の監督がいたという。ちゃんと機能分化している。但し、所有者は複雑だ。地主が複数現れた。それぞれ俺の土地だと主張している。家主はまた別にいる。西村さんは誰が地主なのかを確認しておられる。

測量の結果、この建物は妻側九・二～九・三メートル、桁ゆき側約二八メートル、高さ六・六メートルであることが判る。数値に幅があるのは、この建物は柱間の距離が通りによって一定でないためである。スパンは最小が一九八〇ミリで最大が三〇〇〇ミリとばらついている。何故このスパンなのか、どのようにしてこのスパンを測ったのだろうか、歩測だろうか、手を広げて測ったのであろうかとか話合うが結論が出ない。柱の数は三〇本あるが、内一本は新しい柱を添えることによって古い柱が補強されている。またその他に二本あったようだが、消失してしまっている。柱脚部は地面から一・二メートル程掘られた位置から柱が始まっている。

また柱とは別に床を支えていた束柱がある。二一本が残っているが、その他に九本は無くなってしまっているようである。高さは一・六メートル程あり、これにプラスアルファが高床の高さである。柱と別であることから、交換が容易になっている。

材料は、屋根とファサードの壁がサゴヤシの葉で葺かれている。柱はレッドクイラ（又はガラムート？）のようで、タルキ等の丸太はマングローブが使用されている。止め付け用のロープは籐である。なお、クイラとはメルバオ（マルバオ）と呼ばれているマメ科の木材。「鉄木」との異名があるだけあって固く強い木である。建造物のみならず儀式用のドラムなどにも使われている。

写真を撮った後、私もスケッチをする。一瞬にして被写体を収めることのできる写真と違い、スケッチは時間をかけて対象を再構築しなければならないので、何が表現されているかが良く判る。人の顔は恐ろしくデフォルメされている。こんな顔をした人はちょっとこの回りにいそうにない。ワニに至っては内臓が表面に描き出されている。素晴らしい想像力である。柱の彫刻はいろんな村で彫らせ、それらを集めてきたようだ。制作者は一ヶ月程山に籠って祖先の霊を一身に

側面から見たハウスタンバラン。壁もなく屋根も壊れている。

柱とは別に束もある。柱も束もいろいろな村で彫られたため、デザインが一様ではない。

アンゴラム・ハウスタンバランのファサード。上方にマスクが飾られている。

内部。柱にはすべて彫刻が施されている。

浴びながらインスピレーションを待ち、ひらめいた瞬間から一起に彫り出すらしい。そしてその彫刻は部族の歴史が凝縮されたものとして表出される。柱のデザインが一様でない理由が判る。それにしても大胆なひらめきである。

「芸術は爆発だ」

と言った岡本太郎は、その内容を次のように述べている。

僕は芸術といったが、それは決して絵・音楽・小説というような、職能的に分化された芸ごとや趣味のことではない。いま世間で芸術と思っているのは、ほとんどが芸術屋の作った商品であるにすぎない。

ぼくが芸術というのは生きることそのものである。人間として最も強烈に生きる者、無条件に生命をつき出し爆発する。その生き方こそが芸術なのだということを強調したい。（中略）全身全霊が宇宙に向かって無条件にパーッとひらくこと。それが「爆発」だ。人生は本来、瞬間瞬間に、無償、無目的に爆発しつづけるべきだ。いのちの本当のあり方だ（『自分の中に毒を持て』青春出版社）。

まさにこれらの彫刻は、彼のいう「芸術」ということになる。落ち込んでいる芸術家は是非ともこの地を訪れて、活力を取り戻して欲しいものだ。これらのセピックの芸術がピカソに影響を与えたという噂を耳にしたことがあるが、事の真偽はともあれ、さもありなんと思える。

その上、メラネシアの地域では、家を建てる時やカヌーの建造に人間の命や人間の頭が実際に必要とされるという話がある。パプアのキワイ族の間では、その土地の者でない者は、もう血が流されたというのを知るまでは新しい儀式小屋には進んで入ろうとはしないのが普通であったようだ（ロズリン・ポイニャント。豊田由貴夫訳『オセアニア神話』青土社）。或いはこのハウスタンバランも生け贄が……。こうなるとこれらの建造物は「いのち」そのものであり、いわゆる「芸術」の域を超えているのかも知れない。

そもそもハウスタンバランは、主にイニシエーションを行うための施設である。イニシエーションとは、ある集団へ加入するための儀式であって、メラネシア地域で最も多い集団のタイプは「男子の集団（結社）」である。その社会ではその構成員となることがすべての成人と思春期の男子の義務になっている。ふつうは七歳から一七歳の間にイニシエーションを受ける。セピック地域では、ウォゲオ族、アベラム族、アラペシュ族、コーマ族、チャンブリ族、イアットムル族などで行われていることが調査されている。

イニシエーションは、必ずしも所謂「成人式」と同じではないという説がある。イニシエーションは、それを受けた者が明確な社会集団を構成するという点、そして年齢的に思春期と全く関係のない加入時期のものがある点で、単なる通過儀礼としての「成人式」とは一線を画している。

そして「成人式」が公的なものであるのに対し、イニシエーションは秘儀的となっている。また、その集団が他の社会と違いがあればある程、秘儀性が高まっていく（『メラネシアの秘儀とイニシエーション』M・Rアレン著、中山和芳訳　弘文堂）。簡単に言うと、「会員制のクラブ」と「ビアホール」の違いのようなものであろうか。となると、秘儀性が高まる「クラブ」とは⁉。

セピック地方で多く見られるイニシエーション儀式は、男性のみの儀式が多い点、思春期のあたりに行われることが多い点、出血を伴なう手術（割礼、切開、鼻血、目からの出血、体中の無数の傷）が多い点などが特徴である。そして、自らの成長、豊かな実り、男性優位の保持を動機としているものが多い。特に、何故このように出血を伴なうかという点については、男性も女性と同様に大人への成長の証として出血を欲しているという説がある。女性は出血によって確実に成長の過程が判ることへの羨望の現れとして、このような儀式を行うという。

ある地域では、年頃になる少年達はハウスタンバランに一同に集められ、儀式を一緒に受ける。ワニが先祖の地域はワニ皮のような傷を身体につけられたりする。当然激しい痛みを伴なうが、その苦しみに耐え一定の隔離期間過ごした後、解放される。

このような行為が野蛮であるとして、主にキリスト教の宣教師によって儀式の廃止が奨励された。このバンダリズム（文化の破壊活動）によって、同時に儀式の舞台となるハウスタンバランもすたれていくことになった。また当ハウスタンバランは儀式用というより、カルチャーセンター的に建てられたとの話もある。そうなるとますます粗末にされていくのではないかと心配だ（いずれにせよ芸術的な価値は変わらないのに…）。

ホテルで昼食をとった後、明日訪問する予定のカンボットまでのボートを予約しに行く。炎天下の中、セピック川沿いを一五分程歩き、町はずれにある事務所を目指す。そこで予め川畑さんに紹介してもらっていたジョンさんにお会いする。セピックで獲れた魚をおばあちゃんが包丁でさばいている。その隣の小屋でジョンさんはニコニコと応対してくれる。ボートの手配も金額もすんなりと決まり、予約は即完了。握手をして別れる。川畑さんの信用はたいしたものだ。喜んで川沿いの道を帰る。すると前方からサム氏がやって来た。

「何をしているんだ？」

「ボートの予約をしてきた」

「ボート？　お前らの船はもう準備してある！」

彼はかなりカッカしている。何でも彼の義理の兄弟の船を手配していたとのことで、

「ガソリン代しかいらないんだ！」

と大声で唸っている。対応に困ってしまったので一旦ハウスタンバランに戻り、西村さんに相談する。「毒には毒」のサム氏はおさまりそうになかったので、西村さんに仲介してもらった上で氏の申し出を了解する。さらにサム氏はカンボットの他に自分の親戚の所へも行くと言いだした。

「村の者に太鼓と踊りで出迎えさせる！」

とも言っている。「出迎え」の方は断ったが、親戚の件は国会議事堂の建設に携わったということでもあるので了解する。了解したのはいいが今度はジョンさんに断りをいれないといけない。再

「カイカイ、カイカイ」　柱と束。

び一五分かけて川沿いの道を歩く。ジョンさんは、

「オーケイ」

と、あっさりとにこやかに了承してくれた。しかし、逆にこちらには割り切れないものが残る。

　強い陽差しの中、疲労感に包まれながらトボトボと帰る。そんなこんなで一時間半もかかってしまった。再度スケッチに入る。ギャラリーもかなり減っている。しかし皆んな疲れがドッと出、四時過ぎに切り上げることとする。

　見物に来ていた子供達と帰る。陰茎を魚が噛んでいるという大胆な彫刻の柱があったので、

「カイカイ（食べる）、カイカイ」

と皆んなで笑いながら帰る。子供は無邪気で気が晴れる。

　ホテルの一階には、彫刻された丸太が数本並べられている。ハウスタンバランの高床かあるい

は二階に上がるための階段のようである。その階段のステップの下には芸術的な彫刻が施されている。しかし良く見るとそれぞれの階段には何と「値札」がついている。そして「売約済み」のタッグも見える。ドイツ語らしき文字が書かれている。価格は七〇〇〜八〇〇円である。ひょっとしてあのハウスタンバランが「切り売り」されているのかも知れない。「災害」「経年変化」「宗教」の他にもハウスタンバランの敵がいそうである。

一本700〜800円で「切り売り」されている階段。

今日は中々電気がつかない。七時からの夕食の途中でやっとつく。ロウソクでの晩餐は不便だ。

ホテルの女将に、

「昨日の夜は一二時に消灯と聞いてたのに、一〇時に消えてしまったんでびっくりしたよ」

と文句を言った。すると彼女はさらりとこう言った。

「私もびっくりしたよ」

10　セピック周航（カンボット、カンバランバ）

今日はカンボットという村でのハウスタンバラン調査である。

昼メシ用にと、朝食にでたトーストを紙に包んで出発。今日は土曜日でマーケットが賑やかである。マーケット横の船着場に迎えにきていたのは、カヌーではなく、モーターボートであった。思惑は外れたがこれは早そうだ。それにモーターボートは二台ある。一台は「ボディーガード」用のもののようである。ボートはけたたましいエンジン音を発して、八時三〇分に出航。セピックをゆっくり味わうという情緒は全くない。我々のボートには八人。別の一台には六人。計一四人の団体である。料金の件は、西村さんを通じて話をしていたので安心だ。しかしこの人数である。直接交渉していたら一体いくらの追加請求をされるのだろうと気が気でなかったはずだ。

セピック川の支流のケラム川を進む。

二台のボートは競走するように狭くなったセピックの支流ケラム川を進む。未開のジャングルの合間を進むようであって、よく見ると人の手が結構入っている。ヤムイモの木は明らかに栽培されている。今は乾期だが、雨期には水かさが一〇メートルも上がるらしい。そのため、乾期の間に栽培し、収穫を済ませてしまう必要がある。雨期になると全てが水に浸かってしまい、人間の手には負えないからだ。しかしこの雨期に川の養分が土に沈殿され、次の作物の育成に役立つ。人間が自然をうまく活用しているわけだ。川岸には、サゴヤシ、バナナ、コーン、ココナッツ、タコの木、ブッシュ・ロープ（水の木）等熱帯の植物が勢揃いである。合間合間には木造の家屋が出てくる。チモンド(Chimondo)という村では崩れ掛けたハウスタンバランらしき建物も見える。川には「フィッシュ・トラップ（Fish Trap：魚の仕掛け）」や備え付けの釣竿も随所に見られる。このあたりはかなり開かれた地域なのであろう。また川沿いは基本的に人が住みやすい状況にあるのであろう。それにしてもモーターの音で話が出来ないくらいうるさい。そんな中、サム氏が、

「ペロット！」

と叫ぶ。

何を言っているのか判らなかったが、彼は遠くを指さしている。やがて動くものが見えてきた。オウム（パロット）が飛んでいるのである。この人達の視力は一体いくらあるのだろう。色んなものを次々に指摘し、我々はしばらくしてから確認する。

医学博士の坪田一男氏によると、元々人間は狩猟社会であったことから、高い背と遠くがよく見える目が重要視されたという。しかし現代は「近視のほうが生存に有利」なのだそうだ。いかに我々が遠くを見ない生活を毎日送っているかは、彼の著書『近視を治す』（講談社）に次のようにある。


朝起きる。目に入るのは、幸運な方で恋人の顔、まあ普通は自分の部屋の壁とか天井が目に入ることだろう。布団から二四〇～二五〇センチメートル上の天井から視線を移した僕の目は、つぎに洗面所の鏡に移る。視点三〇センチメートル。食卓から見回しても、いちばん遠くの壁にかかっているカレンダーまで五メートル、テレビは二メートルの位置だ。

朝起きてから家を出るまでの間、無限遠を見ることは一度もない。出勤の途上でも無限遠が見られるわけではない。路上の標識、家々の壁、電車の壁、行き交う人々、余裕を持って空でも見上げないかぎり、せいぜい一〇メートル程度の視点だ。オフィス、学校ではもちろん屋内。いちばん遠い視点でも五〜一〇メートルである。本を読んだり、コンピューター操作のために机に向っている間の視点は、三〇〜四〇センチメートル。

こんなに長い時間近くを見ているなどという経験は、人類の長い歴史のなかでもつい最近のことである。

ギニア共和国の元外交官のオスマン・サンコン氏は、祖国では視力が六・〇だったが日本へ来て〇・三になったと言っている。六・〇というのを一体どう測ったのかは判らないが、確かに我々日本人は、近視の方が便利な環境の中に生きていることは間違いない。

川岸に木々がなくなり、木造の高い建物がいくつか現れる。カンボットである。土手の上に村が広がる。「Welcome To Kambot Guest House（カンボットゲストハウスへようこそ）」という木製の看板もある。時刻は一〇時である。三時間かかると踏んでいたので、半分の時間で到着したことになる。近道をしたことと、何と言ってもモーターボートを使ったためであろう。土手には人が徐々に集まってくる。船着場に着くころには大勢の人だかりになっている。

船着場と言っても単なる土手。その横では、おばさんがサゴヤシからデンプンを取り出す作業をしている。

「サゴ（sago）」という名は「デンプン質の粉」を意味するマレー語「サグ（sagu）」から来ている（『植物の世界13』朝日新聞社）。つまりサゴヤシとは「デンプンヤシ」ということになる。サゴヤシは一〇～一五年で成熟し、その幹に貯えられたデンプンは一本あたり一〇〇～二〇〇キログラムになる。このデンプン量で一人半年分の食糧になるという。セピック川やフライ川などの中・下流域の大湿地帯の人々の間では、摂取エネルギーの八〇％をサゴヤシから得ているという報告もある（因みに標高一五〇〇メートル以上の中央高地では九〇％以上がサツマイモである）。このためこれらの地域では炭水化物の摂取には問題がないが、タンパク質の確保に困難があり、ハイランド（高地帯）より人口が少ないのは、マラリア感染の影響に加え栄養素の不足が原因ではないかという見方もある（大塚柳太郎・片山一道・印東道子編『島嶼に生きる』東京大学出版会）。

半円形の木の皮とカヌーを組み合わせた「設備」が見える。丁度「そうめん流し」をでかくしたようなものである。サゴヤシの幹を砕いたものが傾斜した「そうめん流し」の様な装置の上方に置かれ、土色の川の水がそれに加えられる。サゴヤシは丁寧に何度も何度も手揉みされる。流れ落ちる水は途中でフィルターに掛けられ、カヌーの下方にデンプン水だけが溜まっていく。この沈殿した水を乾燥させ、デンプンだけを貯蔵するのである。このサゴデンプンは焼いたりして食糧にされる。

サゴヤシからデンプンを採る作業をしているところ。カンボット。

ゆっくりと水を汲み入れ、木の棒で掻き回す。のどかな川べりである。その作業に見入っているうちに「集団」は既に動き出していた。村中の人が集まってきたかと思える程の行列である。じいさんが話し掛けてくる。

「ここらに日本の兵隊がいっぱいいたよ」

太平洋戦争中、セピック川は日本軍にとって難所であった。ポートモレスビー攻略作戦やラエ（現在のレイ）における連合軍との戦いに敗れ、日本軍は山越え、ジャングル越えの連続でこの地方に逃げてきた。そこで立ちはだかったのが、セピックの大河である。

第二十師団歩兵第七十九連隊第三大隊に所属した山中秀晃氏（堺屋太一氏の義兄でもある）は、マダンからウェワクへ行軍する途中ぶつかったセピック、ラムの河口デルタでの様子を次のように述べている。

来る日も来る日も、泥沼の中を這いずり回る毎日。その距離にして三十キロの湿地帯を踏破するには半月以上は要するだろうといわれていた。そして実際にはそれだけの日数が費やされたのである。

湿地帯を昼、夜なく進んだ。眠る場所さえ見つからず、腰から胸までの泥につかったまま眠り、排泄した。泥の中に、棒杭のように突っ立ったまま昇天した兵もいる。背中をポンと叩いたとたんに浮き上がって流れに呑まれてしまった。猛烈なマラリア蚊の密集地でもあり、泥水の中で高熱に苦しむ兵隊が無数にいた。しかも、日中には私たちの頭上低く敵機が舞い、隠れ場所もないので泥濘の中でじっと動かぬようにしているしかなかった。それでも敵は目ざとく日本兵を見つけ、激しい銃弾の雨を降らせるのであった（山中秀晃『なにわの葦』戦誌刊行会）。

一見穏やかそうに見えるセピックも想像を絶する苦労と無念さを押し流している。

先ずは、建設途中の住宅を見る。屋根が葺かれた段階で壁はない。建物の脇にはサゴヤシの葉を編んだ壁材が置かれている。サゴヤシの葉は細かく切り取られるのではなく、そのまま葉軸を中心に交互に編まれている。サム氏が器用に実演をしてくれる。葉を編まないで単に折りたたんだものを籐で縛ったものもある。このパターンの方がよく見かけられる。壁にも屋根にも使われている。

仮設のような丸木橋を渡ると、建物が現れる。一番大きいのが、軒が高く飛び出た建物。ワニが口を大きく開けたような出っ張りがある。絵葉書で「ハウスタンバラン」と紹介されているものだ。いろいろなハウスタンバランの写真や絵を見ていると、如何にもという建物である。しかし地元の人達は、

「これはハウスタンバランではない。ゲストハウスだ」

と言う。何人もの人に聞くが答えは同じである。どうも「元ハウスタンバラン」のようだ。そのゲストハウスの向って右側に建っている小じんまりしたものが、ハウスタンバランだという。ハウスタンバランは木の皮やヤシの葉で出来ているので通常大体二〇～三〇年で遣りかえるようだ。その際、改築ではなく新築されたものではないかと思われる。「新ハウスタンバラン」は比較すると規模は随分小さい。迫力もない。ただ切妻屋根のファサードには、絵がぎっしり書かれている。絵の中心にあるのが、ボス（村の有力者）だという。ボスを中心にワニ、花、卵、鳥、カエル、星などなどが所狭しと描かれている。そのスペースの使い具合には感心する。兎に角、びっしり埋まっている。この隙間を空けない表現方法はアンゴラムの彫刻にも当てはまる。また、ワニ皮風の模様や盛り上がった様子を表現する模様、それに内股で両足の踵が引っ付いている様子も類似

カンボットのハウスタンバラン。土産物店と宿泊施設になっている。

カンボットの元ハウスタンバラン。こちらの方が有名な建物。（成田修一氏撮影）

性がある。

絵は見事に表現されているが、このハウスタンバランの柱には彫刻が全くない。測量の結果、妻側二スパンで六・八メートル、桁ゆき側四スパンで十五・二一メートルであった。

比較してみると、アンゴラムのハウスタンバランが如何に立派なものであるかがよく判る。そしてこのハウスタンバランは完璧に観光施設になっていた。土産物屋と宿泊施設（五部屋）になっているのである。入口には大きな夫婦の彫刻が置かれているが、これは客寄せのもの。表面だけが彫られているという薄っぺらなものだ。高床式なので階段を昇って部屋に入る。床がすけすけで安定しないので気をつけて歩く。薄暗い内部で目を凝らして見ると、彫刻された木の壁掛けが沢山吊るされている。「ストーリーボード（storyboard）」と呼ばれるものだ。「ストーリーボード」は、ある物語が一枚の楕円形の木に彫刻で表現されたものである。木を彫ってからバーナーか何かで焼いてあり、貝殻を砕いたもので白く模様が縁取られている。ここカンボットの名産品である。成田さんと土産に買うことにする。二つ買うからと値段交渉をし、結局二つで一二キナ（約一〇六〇円、一キナ＝八八円として）である。私の分が六二〇円程だから、昼ご飯代一回分より安いという価格である。成田さんのストーリーボードは、釣りに行った帰りの様子が彫られており、私のは恋人と別れてハウスタンバランに向う男性の模様が彫られている。ほのぼのとしたデザインであり、いずれもにんまりとさせてくれる。スーツケースに入るかどうかで大きさを選んだが、本当はもっと大きいのが欲しいところだ。大きくなるともっと多くの物語や生活が描か

ウェワクホテルにあるストーリーボード。水木しげる氏の一生が彫られている。右下には「ゲゲゲの鬼太郎」や「ねずみ男」もいる。（鶴ヶ島市教育委員会撮影）

れているからだ。

そういえば、ニューウェワクホテルの食堂には、漫画家水木しげるさんの一生を彫ったストーリーボードが飾られていた。かなり大きなもので制作するのに数ヶ月もかかったそうだ。川畑さんが水木さんをこのカンボットに案内された際に作ってもらった三枚のうちの一枚とのことだ。

水木しげるさんといえば何と言っても「ゲゲゲの鬼太郎」や「悪魔くん」である。子供の頃、食い入るようによく見たものである。うちの家内が生まれて初めて唄った歌は「ゲッ、ゲッ、ゲゲゲのゲー」というから影響力は相当なものだ。彼は今や漫画家に留まらず「妖怪研究家」としてもご活躍中である。セピックにも調査に来られ、妖怪やアニミズムについて研究をされている。しかし水木さんとパプア・ニューギニアとの関係は、妖怪に始まったわけではない。彼は太平洋戦争中ラバウル（パプア・ニューギニアのニューブリテン島にある都市）で従軍されていたのだ。鳥取県の境港市に生まれ、鳥取連隊に入隊し、ラバウルに向う。しかし既に戦局は決定していた。

彼が片腕の漫画家であるということは知っていたが、腕を無くしたのは、ラバウル（正確にはさらに最前線）でのことであったということまでは知らなかった。ズンゲン守備隊に配属され、敵の猛攻撃にジャングルを逃げ惑ったあげく、マラリアにかかり四二度の高熱におかされる。

そんなある日、寝ているところへ、大きな翼の敵機のマークが低空に見えたので、穴の中に避難しようと思ったが、体があまり言うことをきかない。そこへ爆弾。爆風とともに左手にショック、と同時に鈍痛。「やられたっ」と思っているうちに痛みはだんだんおおきくなり、ものが言えない。血はバケツに一杯ばかり出たらしい。

あくる日、軍医が七徳ナイフみたいなもので腕を切断したが、その時はモーローとしていて、痛くなかった。そのあとウジがわいたりして衛生兵は大変。

「これでマラリアが再発したらおしまいだ」といわれていたが、奇蹟的にたすかった。いや、カミサマに助けられたのかもしれない（『水木しげるのラバウル戦記』筑摩書房）。

水木さんもパプア・ニューギニアと深い因縁がおありである。

三人でハウスタンバランのスケッチをする。村人が集まってくる。すると一人の少女が自分のペンダントを差し出して来た。金属性で将棋の駒の形をした子供の手のひらサイズのペンダントである。よく見ると「観光記念 会津村」と書かれ、お城の絵が彫られている。会津若松城の観光土産の通行手形といったところか。「会津村」とあるところから、かなり古そうな感じを受ける。少女はその観光記念と十字架を同じ鎖につないでいた。戦争中ここにいた日本の兵士から祖父母がもらったものを、この少女がもらったのだそうだ。そういえば先程会ったじいさんはここに日本の守備隊が駐屯していたと言っていた。少女にこのペンダントの内容を話すが、この雪の多い北国の記念品の内容をどこまで理解してくれただろうか。ともかく少女は、これは貴重なものなんだという顔をし、喜んで帰っていく(福島県立図書館調査課郷土資料係の原馨氏にお調べいただいた結果によると、「会津村」は行政区域としては存在した形跡は見られなく、観光施設として昭和六一年にできた「会津村」というのが名称としてあるだけとのことである。また若松連隊についてもニューギニアに上陸したとの記述はないとのことである。或いはこの少女の記憶違いなのかも知れない)。

スケッチをしながら、やはりアンゴラムのハウスタンバランがすごいということになり、再度調査のために引き返したい旨を西村さんに伝える。しかし西村さんがサム氏に伝えると、どうしても妻の一族のいる村へ行くと言って頑張っているとのことだ。元々村人に太鼓と踊りで出迎えさそうとしていたくらいである。まあ仕方ない。カンボットの多くの人達に見送られて岸を離れる。

　モーターボートは相変わらず轟音をたて、風情を吹き飛ばしながら進む。元きた水路を戻り、セピックの本流に出る。ここでアンゴラムとは反対の方向に進みしばらく行くと、村の土手に着く。カンバランバである。その割に「Welcome to Honiala（ホニアラにようこそ）」という看板が立っている。妙である。ホニアラは、ガダルカナル島にあるソロモン諸島の首都の筈である。聞くと、

「ジョーク、ジョーク、単なるジョーク」

　サム氏は屈託がない。しかし紛らわしい看板だ。

　上陸するとまたもや多くの人が集まってくる。まず最初にワニの養殖場を見せられる。子供のワニが大きな桶の中でウヨウヨしている。炎天下の中ぼおっと村を歩く。やがて川が現れるが、細長いカヌーに乗せられ対岸に渡される。暑さで思考能力が落ちてくる。どんどん一行は進む。蚊対策として肌を露出しないよう着込んでいるためますます暑くなる。しばらく歩くと前方に新たな村人が三々五々集まってくる。と思ったら、たちまち二〇人以上の大集団になった。皆んな手に何か黒いものを持っている。道端にビニールシートが敷かれ、それらの物体が置かれる。木彫りである。土産として買ってくれというわけである。大きな杖や仮面から小型の置物まであり、しっかり値札まで付いている。中には如何にも押し入れか何かから引っ張り出してきたというような古い汚れた代物まである。骨董品というところか。これだけ店を広げられてしまうと買わざ

一瞬にして開店した即席土産物店。カンバランバ。

るを得ないという感じだ。小物がほとんどであり、まあ値段も大したことはない。三〇センチくらいの置物が五〇トイヤ（約四四円）である。この国では古いものに価値を見出していないようだ。ハウスタンバランでも何処のものが良いかと聞くと、「〇〇のが良い。新しいから」と返ってくる。家宝にしてもいいような骨董品が四〇円では、作った人も浮かばれない。それより現金収入が優先というところだろう。

それにしても、ハウスタンバランはどこにあるのだろう。

「ずっと奥」

兎に角暑い。熱射と熱気で朦朧としてきた。こんな状態では、もうこれ以上先へ行く気力はない。土産物を手に、元きた道をとぼとぼ帰る。フトあることを思い出す。

「ん……？　彫刻の第一人者の件は一体どうなったんだろう……」

国会議事堂の建設にも携わったという名人はどこに行ってしまったんだ⁉　いろんなことが土産の買い物と同時に消え去ったようだ。まあある程度予想されていたこととはいえ、疲労困憊になりながらアンゴラムに帰る。

二時半頃宿に戻り、成田さんお手製のインスタントラーメンをいただく。遅い昼食を終えやっと生きた心地になる。三時半過ぎ、再びアンゴラムのハウスタンバランに行き測量とヒアリングの続きを行う。その後はビールを飲みまくり、いいこと悪いことぶちまけ合い、そのまま夕食に突入。ビール七本を開けて早めに寝る。明日は五時半の朝食と早い。

11　アンゴラムからウェワクへ

朝五時というのは大変暗い。目覚まし時計を持っている関係で、皆さんの起こし役となるが、ヘッドライトがないと歩けない。部屋から食堂に行く道から見える夜空の星が綺麗だ。オリオン座にスバル、明けの明星、二つの流れ星。久しぶりに見る満天の星だ。その美しさに浸っていると、西村さんがこう言われる。

「行軍中は、これらの星で方向を知ったものです」

戦争はロマンティックのかけらもない。

今日はウェワクへの移動日。

五時半に朝食。六時の出発ということで、従業員の方には無理を言って早く起きてもらった。

しかし、しかし、肝心のサム氏が来ない。こちらは準備万端なのだが、迎えが来ない。埒が開かないので、西村さんがクロメント氏の家へ行って一体どうなっているのか聞いてこられることになった。折角早起きしたのに、ぷらぷらすることになる。しばらく経って西村さんがクロメント氏を連れて帰ってこられる。クロメント氏によると、サム氏は八時に来るとか。ただそれだけである。詳しい内容は判らない。

どうしようもないので、マーケットに行き、散策する。まだ七時前なのでマーケットも店開きを始めたばっかりだ。ほとんどの売物は野菜、果物だが、変わったものといえば輪ゴムやビニール袋のばら売りがある。こういう売り方で売れるということは、こういう買い方をする人がいるのだろう。

ビルムが欲しかったが、一点しか売っていなかった。四キナと安かったが、網目が粗く、むかしハイランド地方のゴロカで買ったものとは雲泥の差であった。地域差と腕の差がかなりあるようだ。白川さんは「フィッシュ・トラップ（Fish Trap：魚の仕掛け）」を買われた。長さ一メートル程ある立派な漁獲用グッズだ。七〇トイヤ（約六三円）ということで、一瞬、

「七キナ（約六三〇円）？」

と聞き直したくらい安い。マーケットは地域の人にとってなくてはならないものだ。

そうこうしているうちに、サム氏がマーケットに現れた。車の周辺は大勢の人だかりになっている。サングラスの彼は特に何もなかったかの様に悠然としている。そのままホテルに戻り、七

時半頃出発する。

最初にクロメント氏の実家へ行く。この実家の近くに西村さんは土地をもらってられるとか（実際には使用権をもらっているということ）で、見せてもらう。土地は、

「この木からこっち」

というような大雑把な説明であったが、かなり広い。ここにクロメント氏を責任者として職業訓練校をつくり、その隣りに調査をしたアンゴラムのハウスタンバランを移転し、復元したいと言われている。

クロメント氏の親族にご挨拶をし、車は再び悪路をウェワクへと向う。未舗装の長い道程は、来た時よりも短く感じたが、三時間くらいかかる。ウェワクの町が一望できる地点で記念撮影をした後、ホテルに戻る前に慰霊碑に寄る。まずは連合国の慰霊碑。「ウォム岬記念公園（CAPE WOM MEMORIAL）」は整然とした美しい公園だ。一九四五年九月一三日安達中将が降伏文書に調印したところだ。

次に日本の慰霊碑に行く。今日は日曜日なので教会に出かける人が多い。町で一番大きいウェワク教会は流石に大変な数の人だかりだ。その教会の脇を通り、山の中腹まで登ると視界が開けてくる。海、岬、町が一望できる。ここが第十八方面軍の司令部があった「洋天台（洋展台という記載もある）」と呼ばれたところ。現在は「ミッション・ヒル」という。慰霊碑は「英霊碑」と

ミッション・ヒルにある英霊碑。

彫られた黒っぽい岩石を中心に、戦死者の氏名と所属がしるされた石板で囲まれてできている。岩石の上には鉄兜がいくつか載せられており、正面には機関銃と焼香台が置かれている。非常に質素である。成田さんは戦死者の名前を探される。叔父さんの名前があるかも知れないからだ。

成田さんは、長野県の実家のお仏壇にあった手紙のコピーを二通持ってこられていたが、その一通は、戦後日本へ生還してまもない戦友が、成田家宛てに行った叔父正三氏の戦死の報告である。正三氏は一九四四年（昭和一九年）、東部ニューギニアでの最後の大規模で組織的な戦闘となった「アイタペ作戦（猛号作戦）」に第十八軍第四一師団歩兵第二三九連隊の一員として参加された。手紙には正三氏が亡くなる寸前の様子が生々しく書かれている(現代文に筆者修正。原文は候文《そうろうぶん》)。そして成田さんにとってのもう一つのパプア・ニューギニアの原点がそこにある。

拝啓　余寒なお烈《はげ》しい折ですがご一家ご一同様いかにお過ごしでございますでしょうか。ひたすらにご尊家様のご安泰をお祈り申し上げげつつ拙文を綴らせていただきます。

とき　昭和十九年八月四日のことにございます。

五月初め以来行軍。弾薬糧抹の担送担送担送。第十八軍（ニューギニア東部、部隊、猛、河、朝、基）全軍を挙げて、アイタペ上陸の敵陣を突破すべくウェワク方面より前進。攻撃攻撃、我が河第三、五六六部隊（第二三九連隊）は連隊旗を中心に敵陣真近く迫り数日来いよいよ最後の攻撃を敵陣地名『鳩陣地』に続行。敢闘また敢闘されど昨日の攻撃も失敗。今朝も、第二大隊主力を挙げて攻撃しましたが進捗せず、今は二大隊長との連絡も絶え、恐らく玉砕してしまったらしく我連隊本部近辺も敵砲弾のため昼なお暗いジャングルも清野と化し、ただ大木が累々とあるのみ。四日早朝、我等の戦友

東筑摩郡筑摩地村　古田岩根

敵砲弾のため散華《さんげ》してしまいましたため、成田正三君と二人して涙のうちに処置を済まし、なお不断の警戒を敵陣に放っているその時(丁度午前十時と記憶しております)、突然ポンポンポンポンポンという敵砲の如何にも軽快な敵砲の発射砲を耳にいたしました。

それとばかりに、お互い声を掛けあい警戒する間もなく、あたり一面にたちまち砲弾の爆裂。息つく間もなく、約十分間連続。砲撃止んで砲煙立ちこめる中に左方正三君の壕の方面にいた石田幸吉（この君は栃木県の人。この君もその後、同年十月戦死）より声がありました。

「成田がやられた。見に来てくれ」

小生驚いて、自分の壕より跳び出し倒木を乗越し乗越し正三君の壕に近づきましたが、正三君は自分の壕の直ぐそばに横になって臥しておりました。小生、

「成田どうした」

と肩に手を掛け顔を起しましたが、ああもう既に顔色なく、目に光なし。小生が近づいたのを知り、何か言いたかったのか、ただ口を静かに動かすのみ。手、足冷たく、既に御最期と小生も覚りました時、君の口も動かなくなってしまいました。十九年八月四日午前十時東部ニューギニア、アフア　アイタペ東南方数キロ、砲煙未だ去ることなく、君、右肩砲弾のため大傷を負い、君の御霊は既に立ち去ってしまいました。

朝、古田君を失い、今また君を失う。いずれも北支橋本隊よりの大の仲良し、常に行動を共にし互いに最期を誓い合った仲良しが。君を静かに君の壕に移し、土を掛けてあげてあれを想いこれを想い泣きました。

その夜、いよいよ最後の攻撃。連隊旗と共に打死せんと準備中の時、命により、静かに敵

前より脱出いたしました。（この時連隊旗のもと、わずかに約四十名。我が分隊にいたっては（軍旗護衛一分隊）十二名行ってこの時わずか三名）

その後、米なく野菜なく、終始、敵爆撃、砲撃。敵兵に、土人に追い続けられて小生も早く楽になって、正三君や古田君のもとへ行きたいと思いつつ夢にも思わなかった生還。思いもかけず終戦、生還、こうして最期の模様をお知らせ出来ようとは。せめて、早く、ご家庭の方々に早くお知らせ申し上げたいと思っておりましたが、マラリアの再発、発熱等のため思うにまかせずお知らせの遅れましたこと、申し訳なく思います。

右の次第、まことにお気の毒さまであり、ご家族ご一同様の御心情をお察しいたしますと何とも申し上げようもございませんが、何卒お力落としなき様、お心強くお持ち下さるようお願い申し上げます。

小生帰郷しましたら早速参上して詳しくお話し申し上げたい、ニューギニアからの念願ですが、体思うにまかせず残念でございます。そのうち是非一度お訪ねいたしたく思っております。

ひたすら君のご冥福祈願しつつこの拙文を終わりたいと思います。

まずはお知らせまで

敬具

長野県上伊那郡赤穂町広小路

小林正太郎

この手紙で成田家は、正三氏の死を知ったという。

この間の戦いの様子を第四十一師団歩兵第二百三十九連隊を中心に見てみると（資料は防衛庁防衛研究所戦史室『戦史叢書　南太平洋陸軍作戦』朝雲新聞社、堀江正夫『留魂の詩』朝雲新聞社、森山康平編著『米軍が記録したニューギニアの戦い』草思社による）。

一九四二年（昭和一七年）九月以降第十八軍はジャングルや山岳地帯、大湿地帯等と過酷な敗走を続けていたが、マッカーサー大将指揮する連合軍は第十八軍の目指す方向に先回りして上陸し（「カエル跳び作戦」）、日本軍を無力化していった。一九四四年四月二二日には連合軍はホーランジア（現インドネシア領イリアンジャヤのジャヤプラ）とアイタペに上陸した。これらは第十八軍の集結地ウェワクの遙か西方の地点であった。この時点で連合軍はフィリピン奪回の構想を練っており最早第十八軍を相手にしていなかった。一方、東と西から敵に挟まれ袋の鼠となった第十八軍は、座して死を待つ訳にいかず、ホーランジア奪回を目指しその第一歩としてアイタペを攻略しようとした。しかしながら第十八軍を指揮する立場の大本営や南方軍はホーランジア、アイタペの奪回は困難として第二方面軍にこの作戦の中止を命令した（指揮命令系統は、大本営―南方軍―第二方面軍―第十八軍。なお、大本営とは陸軍の参謀本部と海軍の軍令部とを一本化したもの。戦時や事変の際、必要に応じて設置された）。しかしながらその命令内容に「アイタペ

楠木正成の銅像。（皇居外苑）

作戦を中止せよ」という直接的な指示がなかったことから、「楠公《なんこう》精神」を信条とし、玉砕を覚悟した作戦の実施を既に決意していた第十八軍司令官安達二十三《はたぞう》中将は作戦をそのまま推進した。「楠公精神」とは、鎌倉から建武の新政の時代、勤王と忠義に生きた楠木正成の精神を指している。正成は、一三三六年、後醍醐天皇の命を受け反逆者足利尊氏の軍と戦ったが敗れ、弟正季と刺し違えて自害した（「湊川の戦い」）。彼は有効と考える自らの策を奏上したが天皇に受け入れられず、負けると分かっている戦いに大義のために敢えて身を投じたのである。この軍人精神に則った現場の硬い意思が配慮されたため、結局明快な中止命令がないままに戦いが進展していった。

日本軍は第二十師団、第四十一師団の全力、第五十一師団の歩兵第六十六連隊の計約三五〇〇〇名を投入したが、実戦力は一個師団程度（一個師団は約一〇〇〇〇名）であった。対する連合軍は二個師団半になっていた。七月一〇日、第十八軍はアイタペ当方三五キロの地点にある「坂東川（ドリニュモール川）」にある中洲「川中島」を突破し連合軍陣地を攻略すべく、午後九時五〇分砲撃を開始した。この突撃は成功し連合軍は撤退したが、やがて態勢を立て直し反撃にでた。連合軍は一四日には坂東川渡河点を占領し、アフア方面や海岸方面にも進出してきた。第四十一師団歩兵第二百三十九連隊は、海岸方面での攻撃を準備中であったが、急遽川中島付近および上

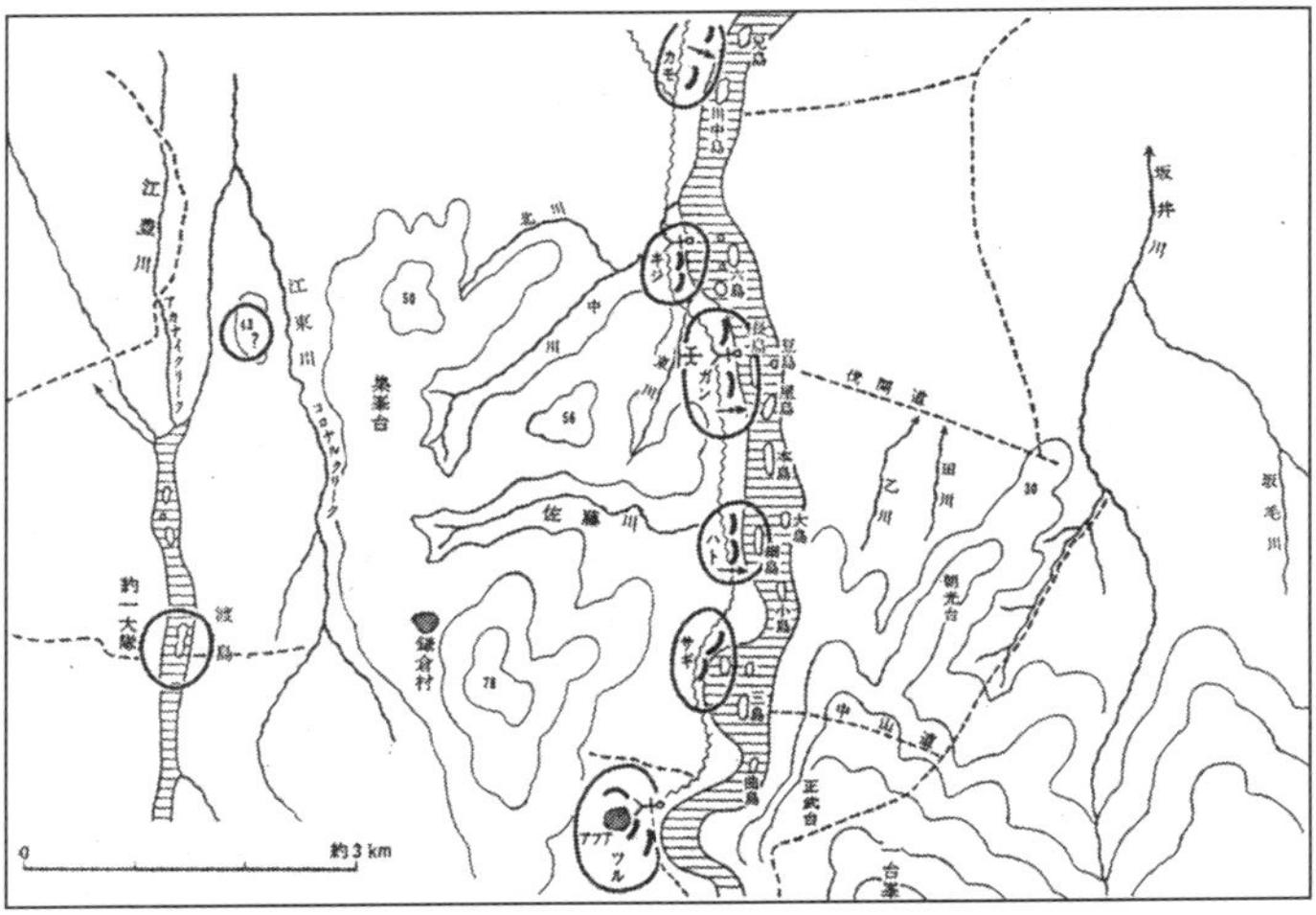

坂東河左岸敵陣要図。（出典『戦史叢書　南太平洋陸軍作戦５』朝雲出版社）

流のアファ方面への転進命令が出た。

三一日薄暮、アファ方面での総攻撃が始まった。まず歩兵第二百三十八連隊は、サギ陣地を占領した。しかし八月一日のハト陣地の攻撃には失敗した。二日には次のような軍命令が出ている。

二　軍ハ全般ノ関係上「ハト」陣地ノ攻略ヲ確実ニシ、速ニ佐藤川ノ線ニ進出セントス。

この命令に基づいて第四十一師団は歩兵二百三十八連隊の全力と歩兵二百三十九連隊の主力をもって八月二日夕刻から三日午前および四日早朝に総攻撃を行った。その結果ハト陣地を攻略（米側資料によると陣前で撃退）しその北端小流の線まで進出したが、将兵の損害が甚大で（歩兵二百三十八連隊第二大隊は残存兵わずか九名、歩兵二百三十九連隊第二大隊は全滅)、三日午後一時三〇分作戦中止に関する軍命令が出され、四日午前八時三〇分、撤退時期を四日と定める命令を下した。この作戦の結果、全約三五〇〇〇名のうち約一三〇〇〇名が戦死している。

また、小林氏の手によるもう一通の手紙は次のように書かれている。

皆様お変りありませんでしょうか。また夏がまいります。蟬の声、雨の音、葉風のさわやかさ。苦しみ苦しんだニューギニアの天地が、同様に四六時蟬の音の、虫の音の、雨の音の明け暮れでございました。

友を失って一人ぽっちで帰ってから早くも一年有余。何時も何時も頭から消えない面影を偲んで、お尋ねしてお手紙を差し上げたいと思って現実の生活に追われ暇があるようで暇がない生活を送っており、ご無沙汰いたしております。

その折持ち帰った菩提樹の実による数珠をしばらくして出来上がりましたら、別便にてお手許までお届けいたします。

思い起こせば十九年十二月二十七日、海岸地帯の食べられる限りの食べ物を食い尽くし、奥地には土人も住むことだからいくらかの食糧もあるだろうとそれを目当てに移動中、前日峠にかかってわずかに二〇〇メートル歩いただけで一日は暮れその日必死の歩行。やれやれと峠の上に立ったとき同行の戦友が地に散らばる青い皮をかぶった実をその名を言って拾っているのを見て、その木、その実を菩提樹と知ったのが初めでございます。

大きな堅い幹、飄々とした枝ぶり、さわやかな葉の菩提樹はその峠に立って、行く手の未知の世界前人未踏のニューギニア奥地、世界一野蛮の土人、人食い人種の住むと言われる山また山の連なりを遥かに眺めて息を入れる我々の頭上に赤い肉の厚い細い葉をはらはらと散らします。

ボダイジュ。（小石川植物園）

それから約一ヶ月後、山中の豪州軍の陣地を潜行し、ゲリラ戦の途中、とある一土人部落にて椰子の木の中に一際大きくそびえ立つ大木、菩提樹の木に出会いました。丁度落実の時季なのでしょうか、木の下一面その実のために青くなっておりました。

何の気なく帽子の中にその実を拾い集めたが縁でして、数珠をつくろうと発願しました。同行の伊岐見様と二人競争の様に作り始めました。

昼間飛行機を恐れてジャングル中に潜む折りや行軍の途中潜伏待機の折りに、戦況の将来、我が身の末、明日の食糧の心配を忘れて数珠に穴明けに余念のない二人をその後毎日見出すようになりました。

いや、諸々のことを忘れたわけではなくただその時既に散った戦友のこと又お互いの内地の模様等話しつづけて数珠の製作に余念がないというのが事実でしょうか。

それが二十年二月二十五日飛行機の奇襲に潜伏中のジャングルを猛攻撃され、ああ今の今まで数珠の製作に余念がなかった伊岐見様を身辺より失いました。

その時小生も右肩を負傷し数珠の製作もやめ、その時の数珠も捨てました。

それからさらに六ヶ月、飛行機に地上部隊に砲弾に土人に追われ休む暇もなく、ただ呆然と生も死も考えずジャングルの中を東に西に、今日が死か明日がこの世の別れかと思っているとき、豪州軍飛行機による終戦の知らせはたちまち我々を現実の世界に立ち戻らせました。

そして現地降伏。山中より出てニューギニアウェワクの前の小島ムッシュ島に我々は集結し、後命を待つ状態になりました。

しかしながら何時帰還できるか、それも当てがなく毎日毎日農園作りに家作りに追われているとき、この小島にも菩提樹の数の多いことを知りました。

その実に触れる時、その木を見る時、何で忘れることができましょう。バナナ、パパイヤも実はおろか、その芯まで食べて、命を繋いで過ごした日。毎日毎日泥の行軍。南へ行き北へ行き、東へ数百里また西へ数百里。草と共に寝、水中に立ったまま数日。そしてその間砲撃、爆撃、自動小銃、土人の襲撃、だんだんだんだんと姿をこの世から消していった戦友のことを。

いつの間にか従前の間に再びせっせと菩提樹の実を拾い集め磨き始めた小生でした。昨日は三個、今日は五個、手に豆を作り、その最中突然やって来たのは今度は爆撃でなく我々の帰還する日本船の入港の報知でした。

よし、日本に帰ったら北支から行を共にした戦友で、友の最期に幸い自分が居合わせて、この手、この腕で土の下に葬ることの出来た戦友だけでもご家族のお方にこの手工品をお送りさせていただこうと思い立った次第でした。

しかし内地に上陸、その日その日の生活に追われてお約束を果たさず残念に思っておりましたが、善光寺の門前の店でガラスの数珠を買い求め、絹ヒモも見つけて兎も角拙作を作り上げました。なにとぞ小生の意のなるところをお汲み取り下さりご受納下さい。ただひたすらに亡き戦友の御霊が安やかになるようにお祈りさせていただきます。

この数珠を送った人は　　　　ご家族住所氏名、イロハ順

伊岐見鉄郎氏　　愛知県名古屋市昭和区塩付町八　伊岐見嘉市殿
友松豊春氏　　長野県上伊那郡中箕輪村　　友松順光殿
成田正三氏　　長野県上水内郡若槻村松田　　成田斧吉殿
内山猛氏　　長野県下水内郡飯山町　　内山龍太郎殿
古田岩根氏　　長野県西筑摩郡筑摩地村二九五四　古田房根殿

お互い最も親しく最も仲の良かった友でございます。何の縁があって何故誰か一人でもこ

右後方がアファア方面。背景の山はトリセリー山系。

ウラウ近郊のマヤム川。

ブーツの旧日本軍飛行場。飛行機の残骸(エンジン)がある。他にサイドカーの残骸もある。

(1998年８月14日　成田修一氏撮影)

アイタペ作戦激戦地の現在のすがた

坂東川（ドリニュモール川）。この上流に川中島がある。

ヤカムルの集落。

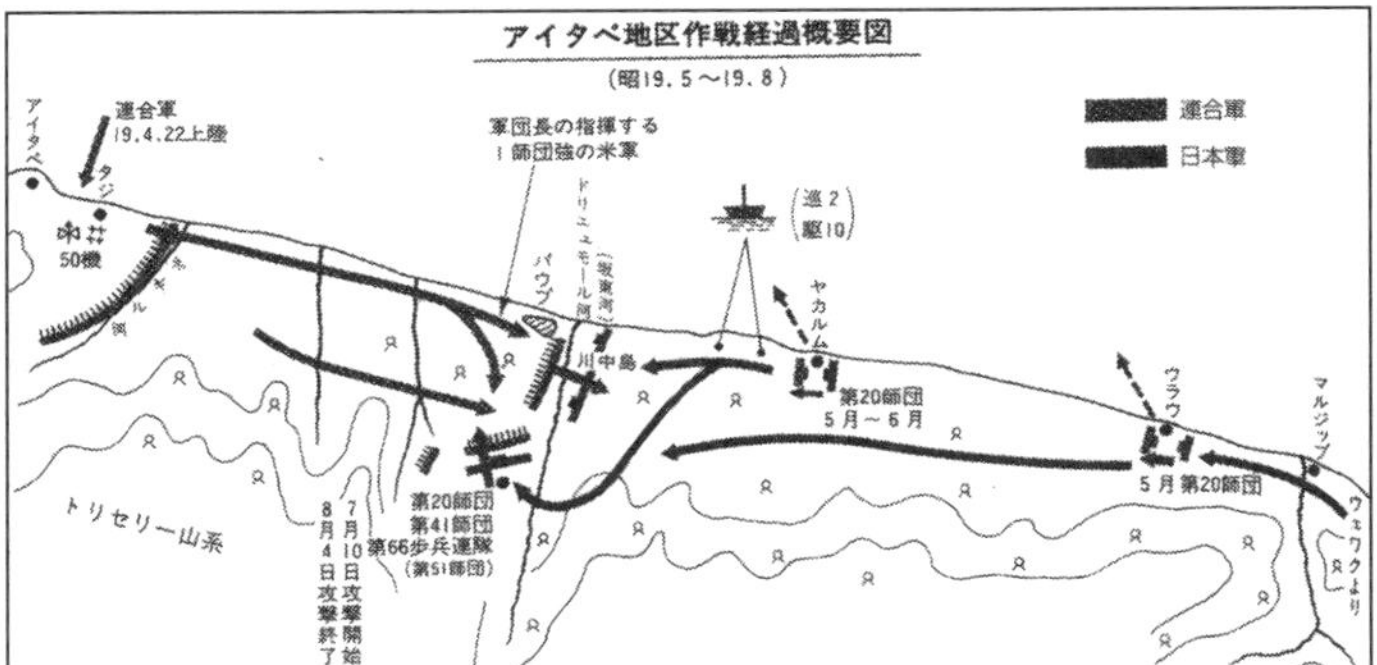

森山康平編著『米軍が記録したニューギニアの戦い』草思社より。

の戦友を残さなかったのか。何故小生一人ぽっち生きながらえたのか。天を仰ぐのみ。

松本市折井町一二八　　小林正太郎

松本にお出掛けの節は是非お立ち寄り下さい。

勤務先　　松本市大名町　三井物産株式会社松本事務所

第十八軍の撤退以後、米軍が掃討作戦を開始したが、秋には豪軍が替わってこれを引き継いだ。豪軍は執拗な攻撃を続け、一九四五年（昭和二〇年）五月にはウェワクをも陥れた。十八軍は山南地区（アレキサンダー山系の南側）のヌンボク周辺地区にて玉砕する態勢をとっていたが、実施されぬ間に終戦となった。

この間、歩兵第二百三十九連隊に関しては、戦史叢書に次のようにある。

豪軍は二月二十三日から、アロへミ付近に対する本格的攻撃を開始し、連日のように同方面のわが陣地に来襲した。この方面を担当した歩兵第二百三十九連隊第三大隊は、転進の疲労をいやす間もなく、しかも野草をかじりながら敢闘し、戦力さらに三分の一に減少するまで戦闘した。

また、ムッシュ島に関しては次の通りである。

連合軍側の指示に基づいて、ムッシュ島に集結したのは、十月下旬。十二月から翌二十一年一月にかけて軍主力は内地に帰還した。この間、二十一年一月一日に軍が掌握した兵力は、一一、五二四名であった。また、ムッシュ島集結間とじ後内地帰還までの間に、合計一、八九三名が栄養失調やマラリア等によって死亡したことが、その後確認された。

慰霊碑に「成田」という姓が見つかった。

成田という姓は、青森とか秋田など東北地方に多く、長野では少ないそうだ。

しかし残念ながら下は別の名前である。結局見つからずじまいである。交代で焼香をし、手を合わせる。なお、この英霊碑は当初教会の土地に、とある日本人が無断で立てたようで、地主ともめた経緯があるそうだ。建立を認める代わりに教会の庭の手入れ費用を持つことで合意となったが、それもなし崩しになっているとか。いろいろいわく因縁がある。

また、このあたりには戦時中に多くの金品が埋められているところがあるという。捜索が行われていたようだが、未だに発見されていないという。そんなミステリアスな話を西村さんから聞きながら山を降りる。

今度は日本政府が建てた記念公園へ行く。その「平和公園(PEACE PARK)」には大きな池があり、池の中央に花道がつけられ祭壇へと向っている。残念ながら貧相である。維持管理が問題のようだが、兎に角ここでも日本の慰霊施設は連合国に劣る。州政府のレンジャーが日本政府から金をもらって管理することになっているそうだが、一体日頃何をしているのかと思う。

ウェワクにある平和公園。

我々が合掌していると、何やら団体さんが押し寄せてきた。老人を先頭に一〇人位のグループだ。すると彼らはすばやく祭壇に入り込み、日の丸を取り付け、卒塔婆を立て、遺影を掲げ、と始め出した。慰霊団の方だ。しばし待ってくだされば良かったのだが、我々はその老人達に手を合わせることになってしまった……。

西村さんは彼らを見て、ポツリと言われた。

「ここまで来られるのは本当に大変なことです」

そして

「私の仕事はこの先です」

西村さんとサム氏を空港まで送る。ポートモレスビーにビザの申請のために戻られる西村さんは、足を捻挫されている。今朝来なかったサム氏の事情を探るためにクロメント家まで夜道を歩かれた際に怪我をされたそうだ。かなり痛

そうである。しかし西村さんは
「二週間もたてば直ります」
と言いながら、折りから昼休みで閉まっている空港の玄関口に座られる。

すっかり打ち解けたお二人とさよならをし、我々は昼食をとった後、ホテルに帰る。今までの解放感からかゆったりする。洗濯等を済ませた後、成田さんの部屋でビールを飲む。成田さんはスーツケースの半分が「つまみ」という感じだ。助かる。ビールを六本飲むが、中々酔わないビールである。酒の肴は再び仕事関係の話だ。慰霊の団体さんも一緒であり、夕食のレストランはごった返している。川畑さんは中々席が暖まらない。

太平洋戦争関連年表

和	西暦	月日	太平洋戦争の動き	月日	ニューギニア・ソロモン諸島方面 回天関係での動き
6年	1941	12.1	御前会議にて対米英蘭への開戦を決定。		
		12.8	マレー半島コタバルに上陸。真珠湾攻撃を開始。		
		12.25	香港占領。		
7年	1942	1.2	マニラ占領。	1.23	ラバウル占領。
		2.15	シンガポール占領。		
		3.1	ジャワ島上陸。	3.8	ラエ・サラモアに上陸。
		4.5	セイロン島沖海戦。	5.3	ソロモン諸島ツラギを占領。
				5.5	珊瑚海海戦。
		6.5	ミッドウェー海戦。		
				7.6	海軍飛行場設営隊、ガダルカナル島に上陸。
				7.18	ポートモレスビー攻略作戦開始。
		8.8	陸軍北海支隊、アッツ島占領。海軍陸戦隊、キスカ島占領。	8.9	第一次ソロモン海戦。
				8.24	第二次ソロモン海戦。
				9.26	南海支隊ブナに向けて撤退開始。
				12.8	バサブア守備隊全滅。
8年	1943			1.2	ブナ守備隊、ギルワ守備隊全滅。
				2.8	ガダルカナル島から撤退完了。
				3.8	ダンピール海峡にて日本軍大輸送船団が撃沈される。
		4.7	連合艦隊司令長官、山本五十六大将戦死。		
		4.21	古賀峯一大将、連合艦隊司令長官に就任。		
		5.29	日本軍のアッツ島守備隊全滅。		
				9.6	日本軍、サラモア、ラエから撤退。
		9.30	御前会議、絶対国防圏を策定。	9.12	第五十一師団、サラワケット越え開始。
				9.22	連合軍、フィンシハーヘンに上陸。
		10.21	神宮外苑競技場で学徒出陣壮行大会が開かれる。		
				11.2	ブーゲンビル島沖海戦。
		12.10	文部省、学童の縁故疎開促進を発表。	12.15	連合軍、ニューブリテン島マーカス岬に上陸。
9年	1944			2.26	回天試作命令。
		3.8	インパール作戦開始。		
		4.17	支那派遣軍、大陸打通作戦(1号作戦)開始。	4.22	連合軍、ホーランディア、アイタペに上陸。
				4.27	連合軍、ビアク島に上陸。
		5.3	豊田副武大将、連合艦隊司令長官に就任。		
		6.15	米軍、サイパン島に上陸。		
		7.21	米軍、グアム島に上陸。		
		7.24	米軍、テニアン島に上陸。		
			(9.8　イタリア、連合国に無条件降伏)		
				8.1	回天が正式兵器として採用される。
		9.10	中国雲南省拉孟の日本軍守備隊全滅。	9.1	大津島回天基地開設。
		9.15	米軍、パラオ諸島ペリリュー島に上陸。	9.6	黒木.樋口大尉遭難。
		10.23	レイテ沖海戦。		
		10.25	海軍の神風特別攻撃隊、初出陣。		
				11.8	菊水隊出撃(回天作戦開始)。
				11.25	光回天基地開設。
				12.21	金剛隊出撃。
0年	1945	2.19	米軍、硫黄島に上陸。	2.20	千早隊出撃。
		3.3	米軍、マニラ占領。	3.1	平生回天基地開設。
		3.10	東京大空襲。	3.1	神武隊出撃。
		3.13	大阪大空襲。	3.28	多々良隊出撃。
		4.1	米軍、沖縄に上陸。	4.20	天武隊出撃。
		5.2	英印軍、ラングーンを占領。	5.5	振武隊出撃。
			(5.8　ドイツ、連合国に無条件降伏)	5.23	大神回天基地開設
		5.14	名古屋大空襲。	5.24	轟隊出撃。
		5.29	小沢治三郎中将、連合艦隊司令長官に就任。横浜大空襲。		
		6.8	御前会議、本土決戦の方針を確認。		
		6.19	福岡大空襲。		
		7.10	仙台大空襲。	7.14	多聞隊出撃。
		8.6	広島に原子爆弾投下される。		
		8.8	ソ連、日本に宣戦布告。ソ連軍満州に侵攻。		
		8.9	長崎に原子爆弾投下される。		
		8.15	日本軍無条件降伏。		
		8.28	GHQ(連合国総司令部)横浜に開設(後に東京に移転)。		
		8.30	連合国最高司令官マッカーサー元帥、厚木飛行場に到着。		
		9.2	米戦艦「ミズーリ」艦上で降伏文書調印式。		

(池田清編、太平洋戦争研究会「太平洋戦争」河出書房新社、神津直次「人間魚雷回天」朝日ソノラマを元に作成)

陸軍の一般的編制（歩兵を中心としたもの）

■正規の段列

	規　模	長（階級）	長を企業でいえば
方面軍	軍がいくつか寄り集まって形成	司令官＝元帥 or 大将	名誉会長 or 会長
軍	数個師団が集まって形成	司令官＝大将	名誉会長 or 会長
1 個師団	10000 人位	師団長＝中将	社長
1 個連隊	2000 人位	連隊長＝大佐 or 中佐	取締役
1 個大隊	800 人位	大隊長＝少佐	局長
1 個中隊	200 人位	中隊長＝大尉 or 中尉	部長
1 個小隊	50 人位	小隊長＝少尉	課長
1 個分隊	16 人位	分隊長＝軍曹 or 伍長	係長

■その他の段列

1 個旅団	いくつかの大隊＋特別大隊(通信隊＋砲兵)	旅団長＝少将	支店長

＊地域戦の弱点を埋めたり占領後の警備にあたった。

◆大隊以上を「部隊」という。
◆したがって部隊長とは、大隊長、連隊長のこと。
◆通常、部隊長の名前をとって「斎藤部隊」のように呼ぶ

●中隊以下を単に「隊」と呼ぶ。
●「隊長」という呼称は中隊長に対してで、小隊長、分隊長には用いない。

(歴史探検隊「50 年目の「日本陸軍」入門」（文春文庫）の資料に基づき作成)

陸軍階級

			階級	役職	給料（昭和 20 年現在）	備考
職業軍人	元帥			方面軍・軍の司令官 企業でいえば名誉会長		天皇が特別に下賜した称号で 位ではない。呼称の頭につける
	将又は将校	将官	大将	方面軍・軍の司令官 企業でいえば会長	年棒 6,600 円	陸軍大学校卒
			中将	師団長 企業の社長にあたる	年棒 5,800 円	陸軍大学校卒
			少将	旅団長，企業でいえば 重役クラスの支店長	年棒 5,000 円	陸軍大学校卒
		佐官	大佐	連隊長 企業でいえば取締役	年棒　3 等級あり 4,440 ～ 3,720 円	陸軍大学校卒
			中佐	同上	年棒　4 等級あり 3,720 ～ 2,640 円	陸軍大学校卒
			少佐	大隊長 企業でいえば局長	年棒　4 等級あり 2,640 ～ 2,040 円	陸軍大学校卒
		尉官	大尉	中隊長 企業でいえば部長	年棒　3 等級あり 1,860 ～ 1,470 円	士官学校卒　平時，兵隊との接触少ないが戦時は中心となる
			中尉	同上	年棒　2 等級あり 1,130 ～ 1,020 円	士官学校卒 同上
			少尉	小隊長 企業でいえば課長	年棒 850 円	士官学校卒 実戦経験乏しい者多い
	見習士官			幹部候補生。将校勤務	月給 40 円	階級は曹長。待遇は准尉に準ずる。 短期養成で実地経験乏しい
一般召集兵	兵と下士官	下士官	准尉	小隊長になることもあり幹部 将校と兵隊との橋渡し的存在	年棒　4 等級あり 1,320 ～ 960 円	兵隊からの叩き上げで経験豊富な年輩者が多い。大正 6 年までは「特務曹長」といった
			曹長	小隊長になることもあり 経理事務や兵器などの管理	月給　4 等級あり 75 ～ 32 円	
			軍曹	分隊長。平時は内務班長 企業でいえば係長	年棒　3 等級あり 30 ～ 23 円	内務班生活において兵隊にもっとも身近な存在
			伍長	同右 企業でいえば係長又は主任	月額 20 円	
		兵	兵長		月額 13 円 50 銭	昭 18・10・12 に設けられた階級で旧「伍長勤務上等兵」といった
			上等兵	初年兵の教育	月額 10 円 50 銭	成績優秀な者は二等兵から一足とびに上等兵になることもあった
			一等兵		月額 9 円	4 ヶ月の訓練後，又は次の兵隊が入隊してくると一等兵となる。 二年以上の一等兵は古兵殿と呼ばれる
			二等兵		月額　甲・乙あり 9 円　6 円 50 銭	

＊兵士は 10 日毎に支給，見習士官以上が月給制。
＊昭和 20 年，巡査の初任給が 60 円、コーヒー 1 杯 5 円、とうふ 1 丁 20 銭、ハガキ 5 銭、米 10 キロ 3 円 57 銭だった。

（歴史探検隊「50 年目の「日本陸軍」入門」（文春文庫）の資料に基づき作成）

12　ウィ・アー・ザ・〝北国の春〟

二時半頃から寝付けない。うつらうつらで六時過ぎまで過ごすが、ついには廊下に出てベンチでウォークマンを聞く。しかし独自にリミックスしたお気に入りのサイモンとガーファンクルのテープは手違いで消えてしまっていた。思えば前回ラバウルに来た時は、これまたいつも聞いていたユーミンのテープをレンタカーに忘れてしまったし、パプア・ニューギニアではテープに縁がない。仕方なくラジオを聞くが、ほとんど入らない。ＦＭが一局何とか入った（一〇〇・八〇ＭＨＺ）が、音質はいまいち。ハワイアンのようなスローなテンポとレゲエのようなメリハリのあるリズムが聞こえてくる。

八時にレンタカー屋が清算にやってくるとのことであったが、来ない。朝食をとるが、来ない。

しびれを切らして白川さんが電話で確認すると、

「客が来ているので、一〇時三〇分になる」

とのこと。何～⁉　我々は客ではないのか⁉

お二人は裏の海へと釣りに行かれたが、私は支払いのためホテルで待つことにする。やがてジェネフという女性が現れた。明細を見ると、走行距離が三八〇キロ以上もある。ウェワク―アンゴラム間の距離を訊いてみると、若干オーバー気味である。またライトも破損しており、このコストが判らないのでもう一度一一時四五分に来るとのこと。やれやれ。残念ながらこれも必要経費なのである。

空き時間ができたので、釣りの様子を見学に行く。ホテルの裏の崖っぷちを慎重に降りるとお二人は岩場で釣り糸を垂れてられた。しかし一向に釣れている風はない。ベーコンやアワビ、ナマズをえさにされているが食いつかない。白川さんは諦めて七〇トイヤの「フィッシュ・トラップ（Fish Trap：魚の仕掛け）」を沈める。しかしこれも何時の間にか岩に縛り付けていた紐がほどけ、沖合いに流れ出してしまった。すると矢庭に近くにいた少年が取りに行こうとしだした。このあたりは岬の突端で潮の流れも緩くない。珊瑚礁の岩場もとげとげしい。「フィッシュ・トラップ」はどんどん沖合いに流れていく。六三円くらいで事故にでも遭われたら申し訳ない、と止めるが、少年はさっさと海に浸かってしまった。少年は慎重にかつ巧みに岩場をつたわり、やがて「フィッシュ・トラップ」は難なく「捕獲」された。

ウェワクのメインストリート。商店が並ぶ。

「ここまでしてもらったからにはあげるしかない」

と白川さんは「フィッシュ・トラップ」をプレゼントされる。少年はその「獲物」を自分の弟に手渡す。ずっと我々の釣りの様子を眺めていたその幼稚園児くらいの子供は、自分の背程もある「獲物」を担いで得意気に坂を登って帰っていく。

約束の一一時四五分にホテルのフロントへ行く。しかしレンタカー屋は誰も来ていない。一二時にやっと電話がある。

「部品の見積りを『エラ・モーターズ（パプア・ニューギニアで最大の自動車販売業者）』に出しているが、未だ来ない。二時にそちらへ行くようにする」

とのこと。やれやれ。

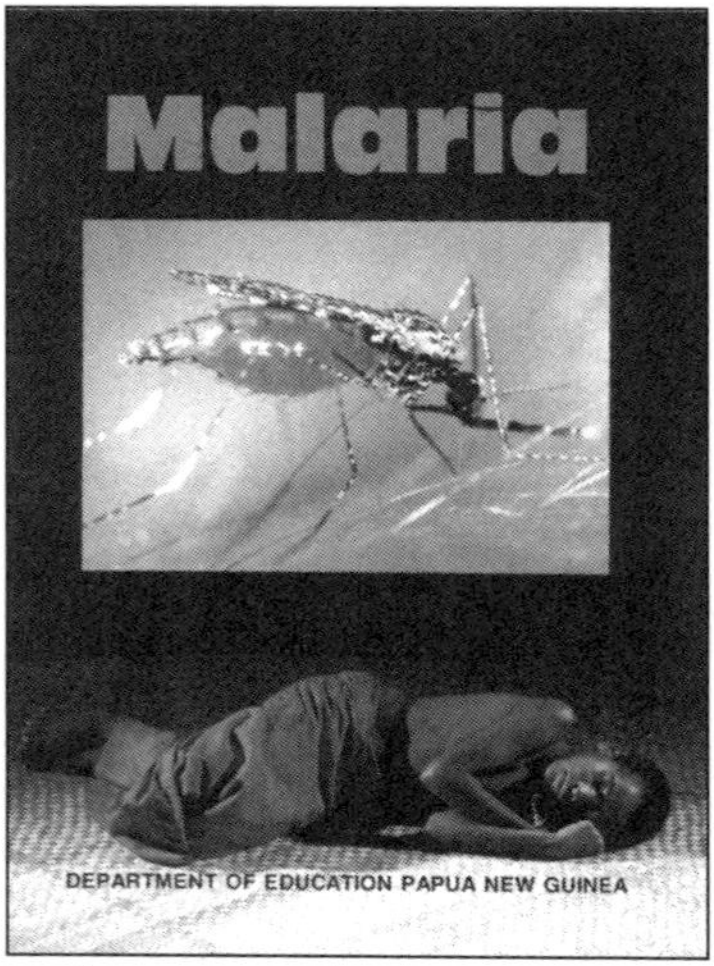

パプア・ニューギニアの教科書。

昼食後、ダウンタウンへパプア・ニューギニア関係の資料探しに出かける。メインの商店街は一本の通りの両サイドに形成されている。ガイドブックに載っていた美術館は既に無くなってしまったとのことなので、本屋に入ることにする。本の数は思ったよりあるが、キリスト教関係の本が大半を占めている。その中ではパプア・ニューギニアの基本を知るという意味で興味をもった本があった。それは教科書である。政府の成り立ちや古代からの歴史、政治の内容からマラリアについての内容もある。平易に図解してあるので、結構判りやすい。またその他にウェワクの歴史の本がある。植民地時代のウェワクのダウンタウンの写真や、日本軍によるウェワク爆撃の写真、それに安達中将が降伏の調印をしている写真まで載っている。パプア・ニューギニア特にウェワクにおいては、あの太平洋戦争は非常に大きな歴史の一つであることがその扱いで判る。逆に我々日本人はニューギニア戦に関してどれほどの知識をもっているのだろうか。またハウスタンバランに関しては、ポートモレスビーの国会議事堂のモチーフの紹介が目につくくらいで取り立てて珍しいものはない。何冊かを買い求める。

一人歩きに緊張しながら、急な上り坂をホテルへ戻る。二時を過ぎるがレンタカー屋は未だ来ない。何の連絡もないとのこと。仕方なく部屋に帰って電話をするが、繋がらない。停電である。これはまいった。四時まで待つが来ないので、皆んなで再度ダウンタウンへ出掛ける。しかし残念ながら店はもう閉まっていた。四時で閉店のようだ。道端には、近寄ってくる男が二人いるだけだ。

「金《きん》を買わないか」

ジュースで暑さを紛らわし、早々にホテルに戻ることにする。息を切らして坂道を上がると、何やら音が聞こえてくる。どうも教会から漏れているようだ。白川さんは早速教会に行き、ドアを開け、中を覗き出した。と思ったらいきなり中に入ってしまった。後を追って急いで我々も部屋の中に入る。と、聖堂で若者が歌を唄っていた。二台のギターで伴奏している。何でも週末、この教会で演奏するための練習をしているとのことだ。

「何か唄ってくれ」

我々のリクエストに彼らは早速演奏を始めた。

「♪ We are the world 〜♪」

聴いたことがある歌だと思ったら「ウィアーザーワールド」であった。一方のギターは旋律を

ウェワク岬よりムッシュ島方面を見る。（画　成田修一氏）

弾いており、中々本格的である。何より天井の高い礼拝堂に音が反響して心地よい。熱演だったので今度はこちらがお返しをする。ギターを借りる。弦がかなり錆びており、良くあれだけ演奏が出来たなという状態である。我々の歌手は成田さんである。そして曲目は「昴《すばる》」と「北国の春」である。もうほとんどカラオケ状態である。二曲とも東南アジアで流行っている国際的に有名な歌だが、そういうことより熱唱、熱演が受けた。結構受けた。いつの間にかギャラリーが増え、ちょっとしたコンサートになっている。音楽は異国の人と人とが簡単に分かり合える手段である。誰もが楽しめるやり方である。パプア・ニューギニアに船や車を援助で送るより、或いはハーモニカやリコーダーを送る方が有益な場合があるのではないかと思う。

日本を代表する歌って一体何だろう。アメリカに行った時には、若者も老人も一緒に「Oh my sunshine」や

「This land is my land」を唄っていた。ロッキー山脈の町グランドレイクからデンバーに向うバスの中では見知らぬ人同志で大合唱になった。

「こんな歌って日本にあるんだろうか」

一七年も前に考えたことが再び頭をよぎる。こんな時のために持ち歌の一曲でもほしいものだ。

ホテルに帰ったら、相変わらずの停電であった。バーでは酔っ払いが大声でくだをまいている。昼から飲んでいるようだ。パプア・ニューギニアは元々酒を飲む習慣のない国である。そしてオーストラリア植民地時代には禁酒法も施行されていた。そのため酒との付き合い方に節度がなく、飲むと爆発してしまうケースが多いと聞く（「スパークする」という表現もあるそうだ）。このホテルでも結構酒が原因の喧嘩があったという。

今日もアイタペ方面に沈む夕陽を見て、夕食とする。暑苦しい中、ロウソクでの晩餐である。ビールも冷えていない。停電の分、満月が明るい。これほど輝く月光を見たのは初めてである。月の周辺はまるで夜明け前の空のようである。

レンタカー屋は結局来なかった。

13　ニューウェワクホテル、それぞれ

今日はオフであるが、相変わらず早く目が覚める。洗濯を開始する。連泊できるうちに洗濯をするのが旅の基本だからだ。

朝食をとった後、川畑さんに私の著書を渡すため、もう一度レストランへ行く。川畑さんはお坊さん夫婦と話しておられた。お坊さんは一昨日、平和公園におられた方だ。豊谷秀光さんと言われる。話に加えさせていただく。

豊谷さんは、戦争中ニューギニアで従軍された関係で、慰霊のために毎年ウェワクを訪れておられるそうだ。先日の慰霊団の組織の人ではなかった。本の話になると、豊谷さんも昨年出版されたとのことで、持参されていた著書をいただくことになる。『ニューギニア鈍兵録 地獄行脚』（近代文芸社）というものである。本を見て不思議なご縁を感じた。出版社が、私が出版する際に

最初に折衝したところであったからだ。しかし驚きはそれ以上になった。豊谷さんが以前出された著書の内容を私の著書に引用させていただいていたのであった。次に彼の驚くべき体験を記したいと思う。

豊谷さんは、茨城県取手市にある天台宗のお寺「長福寺」のご住職で千葉県佐倉市に住んでおられる。

戦争中、昭和一七年一〇月水戸の東部第三十七部隊に入隊後、第五十一師団歩兵第一〇二部隊の補充兵つまり兵員の穴埋め要員としてニューギニアに送り込まれた。

昭和一八年六月二二日から一ヶ月程ハンサの兵站基地で滞在した後、第一〇二部隊が連合国軍と激戦をくりひろげているラエに向かって出航した。フォーン半島のフィンシハーフェンからは陸路でラエを目指すが、七月二〇日、連合国軍の猛撃を受け、行程のあと三分の一のところで退却する。アント岬を経て、三〇〇キロ以上もあるジャングルの山岳地帯を越えキアリの第五十一師団連隊本部に着いたのが一〇月一〇日頃。続いてキアリの近くのシオで一ヶ月半程滞在した。

昭和一九年一月二日には「マッカーサーのカエル跳び作戦」により連隊の本営のあるマダンとキアリとの途中にあるグンビ岬に連合国軍が上陸してきた。日本軍の撤退の先回りをしてきたのである。海上や海岸づたいの行軍は不可能となり、三〇〇〇～四〇〇〇メートル高さのあるフィニステール山系を越えなければならなくなった。一月一八日、「転進命令」が出され、一個大隊一

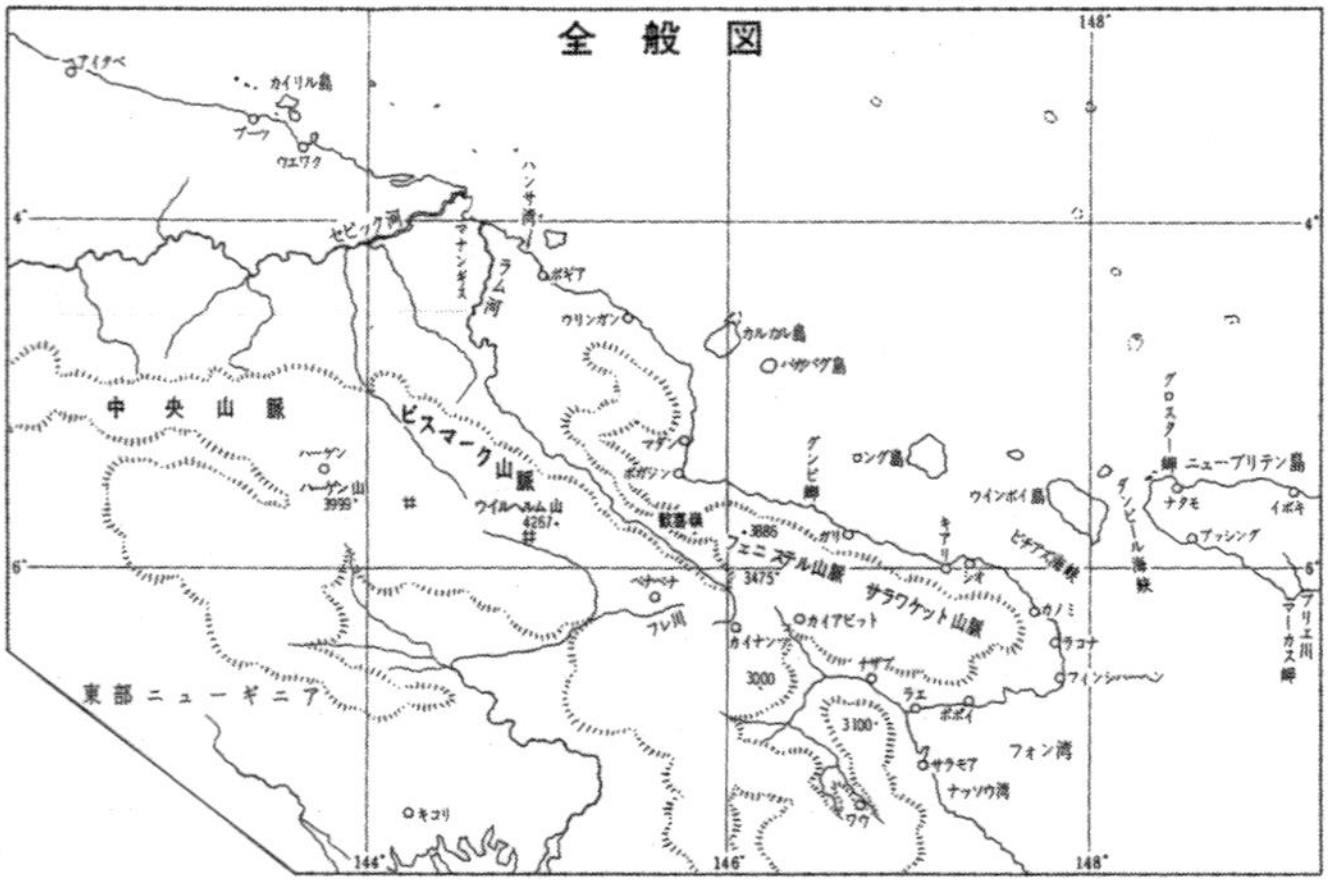

豊谷さんは右下のフィンシハーヘンから左上のウェワク近郊まで「転進」された。（出典『戦史叢書　南太平洋陸軍作戦』　朝雲新聞社）

二〇～一三〇名が約三〇〇キロも先のマダンへと出発した。ジャングルとジャングルとの間に断崖絶壁が重なっているという難所の連続である。艱難辛苦の後、四月の中旬をこえた頃ようやくバラバラになりながらマダンに到着する。しかしマダンの本隊は既にウェワクに向けて出発し、病兵と落伍した遅留兵しかいなかった。次にはウェワクへ向けてまたも三〇〇キロの行程が待っていた。今度は大河ラム川、セピック川を含む大湿地帯である。ハンサ、アンゴラムを何とか通過してウェワク手前のコープという部落に駐屯し、持久戦に備えて自活するための農園の開墾に従事する。結局そのまま敗戦を迎えることになる。

　豊谷さんの体験の凄絶なところは、千数百キロのジャングル、岩壁、谷、湿地帯を病気、酷暑と戦いながら踏破されたということにあるだけではない。それはキアリからマダンへの撤退の中で、餓えに苛まれながらされたある「行動」にある。つまり「人肉食」である。フィニステールの山中で仲間二人と三体の「料理」をされたそうだ。そしてその様子は彼の前書『破倫　吾れ戦友を食う　東部ニューギニア敗残兵の告白』（新世紀書房）の中ではっきり具体的に描かれている。

豊谷さんと仲間の二人は食べられるものは食べつくし、三日以上何も口に入れることなく歩きに歩いていた。道程にはウジに食い荒らされている戦友が何百人と倒れていた。

では、万策尽きて、ひとり残らず餓死しなくてはならない悲運にたち至ったのか。痩せ細り、熱にうなされ、妻子や親兄弟のまぼろしを見ながら、飢え死にするのか。もう生命をつなぐ糸は、完全に断ち切られてしまったのか。

――少なくとも、ただ一筋だけは生きる道が残されていた。それは、とうていこの世の人間のいとなみとしては想像すらできぬある非常手段、全身の毛が逆立ってきそうなある大罪を犯すことによって、動物性蛋白質を補給する方便であった。良心をそっくり悪鬼に売り渡し、その最終的な外道を選ぶとすれば、生きる道はたちどころに開けることを、もはやおおかたの仲間が暗黙のうちに認めていた。

そうこうするうちにジャングルの中で首が吹っ飛んだ一体の遺体に遭遇する。そして三人は論争をたたかわせる。弱々しく。ひそひそと。

最初、私は、目の前にある遺体が物体であることを自分に納得させて、私自身の行動力を刺激しようと考えた。

対象が人間であってはいけないのだ。それを人間とみなすことさえも許されないのだ。（中略）

首なし遺体には、早くも無数のウジがもぞもぞとひしめき合ってはりつき、いくぶん体温の残っていそうな、みずみずしい部分を食い荒らしはじめているのだった。ウジたちは、徐々に、しかし着々と死者の肉体を侵食しつつあった。（中略）

もし、この遺体に首がのっており、口をきくことができたら、私は彼に問いかけたい。このままウジに食い荒らされて、みるも無残な〝食べ残された人間〟として雨ざらしにされ、やがて白骨となり果てて、また別の虫が骨の間に巣くうとしたら、それでもいいのか、と。

三人の心は固まる。般若心経を唱えた後、手術用のメスで「仕事」を始める。飯盒に入れられたモノは雨水で茹でられ食に供された。

豊谷氏は、自分達にこのようなことをさせた「少数の、安全な場所にいる命令者たち」を「幾十万の人びとを、撃沈されることのわかりきっている輸送船に乗せ、撃墜されることの確定的な戦闘機に搭乗させ、全滅させられることが火をみるよりも明らかな敵陣に突入させている」「計画的な大量殺人の」「勲章をいっぱいぶら下げた人食い人種」と非難する。しかし理屈では納得出来ても、感情は抑えられない。

私が肉を食ったその戦友にも、妻が、息子が、娘があるかも知れない。未婚であれば、父母が、兄弟がいるかもしれないのだ。食われつつある者の肉親達が、もしその場に居合わせたとしたら、いったいどんな顔で私たち三人を見、私たちに向かってなんというであろうか。

――奥さん、あなたのご主人がいま、●●という名の男に、胸の肉を食べられているよ。

――きみのお父さんが、●●という兵隊に、腿の肉を切り取られて、食われているぞ。

――お前の兄さんの脂を、あの敗残兵の●●が口にほうり込んだぜ。（伏字は筆者）

そんな声が耳もとで聞こえたとしても、なお平然として、私たちは飯盒の肉のうまさを満喫していられるであろうか。

ウジになりたい、ウジになるんだ、人間を廃業してウジになり、ハゲタカになってでも食わずにいられぬ、という言葉をさんざん自分に浴びせかけて、自分を納得させ、慰めなくてはならぬところに私の無限地獄の苦悩があったのではないか。

それほどまでにウジでありたいと悲願しつつも、ウジになりきれぬ人間であるところに、私の罪の自覚があり、肯定があったのではないか。
豊谷さんは著書の冒頭で次のように書かれている。

あのいまわしい戦争の日々　すべての日本人は
「一機でも多くの飛行機を」のかけ声で総力戦に駆り立てられた
今は「一体でも多くの英霊を」故国へ帰還させるときである
戦いのさなかには数万人が登った東部ニューギニアの山々に
平和なときただひとりの日本人も登らないとしたら
全世界に対する国辱というほかはない
戦後もっとも早期に遺骨収集が始められたのがニューギニアであり
もっとも長期にわたって遺骨が残され
風雨にさらされているのもニューギニアである

西村さんのニューギニア戦が終わった丁度その後あたりから豊谷さんの戦いが始まっている。お二人はニューギニア戦、しいては太平洋戦争の風化をおしとどめる語りべである。豊谷さんの戦争も終わりがない。
磯に出る。旧日本軍の機銃らしきものが錆びて転がっている。珊瑚礁のため靴を履きながら海に入ると、いたるところに黒い固まりが見える。ウニである。しかも大きい。二〇センチ以上もある。初めは毒ウニではないかと思っていたが、白川さんが壊してみたところ、紫ウニであった。これは食べられる。ここらの人は食さないようだが、その割にはトゲの先から針が跳び出てくるという攻撃性を持っている。タオルに引っかけると細い針だらけになる。成田さんの指は刺されてしばらくしびれている。時期が悪いのか卵巣は余り大きくなかったが、ビールの新鮮なつまみになる。

山田さんという老人とその娘さんがホテルに帰ってこられた。満面の笑みである。お二人は、山田さんのお兄さんが亡くなった場所を探しておられたのだが、やっとその場所をつきとめることが出来たそうだ。ウェルマン（Wereman）というところである。パグイという村の近くにありマプリックから車で一時間半かかるという大変不便な場所である。その村の老人の中にお兄さんを知っている人がいたとのこと。

「お兄さんはマラリアに罹って、ここに運ばれて」

と説明をしてくれたそうだ。夜はその村の小屋で泊まらせてもらったとのこと。昨年もチャレンジされたが果たせなかったため、その分大変喜んでおられる。

夜は、マグロの刺し身を出していただく。少々塩辛かったが、ワサビもありご馳走である。その上ステーキも出てきたので満腹になる。団体さんがいなくなったので、ニューウェワクホテル最後の夜はアットホームな雰囲気である。

14 パプア・ニューギニアのベニス、マダンへ

ニューウェワクホテルの裏庭に飼われている火喰鳥やカンムリバト（ブルヤ）の珍しい姿を見、朝食をとると、もう出発。名残惜しいホテルを離れ、マダンへと向う。細川元首相を「ゴキ（護煕）」と呼ばれる川畑さんが、子供のように帽子を振りながら見送ってくださる。「リムジントラック」の荷台で海風に当たりながら、人の世話をすることは、とても大切な自分の財産になるものなんだなあと改めて考える。

「情けは人のためならず」か……。

空港はごった返している。五分遅れで到着した飛行機に乗り込む。この前と同じインドネシア人風のスチュワーデスが乗っていて、ニコッとしている。滑走路をUターンすると機体はいきな

り飛び出した。苦労して行ったアンゴラムへの道路が見える。雲の中にセピック川も見える。遠くには標高四五〇九メートルのパプア・ニューギニア最高峰ウィルヘルム山をはじめとするハイランドの山並みが青い。

マダンへは四〇分で着く。

マダンは、アストロラベ湾に突き出た半島にある港町。入り組んだ湾、点在する大小の島々、広い公園、静謐な池、緩やかにカーブする海岸線。ラバウルに次いで最も美しい町と言われていたが、ラバウルが一九九六年九月に突然起こった火山の爆発でほとんど壊滅してしまったことから、現在ではマダンが最も風光明媚な町ということになる。スキューバダイビングのメッカで、他に釣り、セイリング、ゴルフ、テニス等のスポーツが楽しめる。一九世紀の終わり頃、ドイツ人によって「開発」され、プランテーションが作られた。また一九四四年三月まで日本軍の第十八軍司令部が置かれていた要衝。輸送基地としても重要であった。

送迎バスで「マダンリゾートホテル」へ向う。海岸線を一〇分くらい走るが、右に白波の立つビスマルク海、左にフルーツバット（コウモリ）の舞うゴルフコースと、目を見張らせるような美しさが続く。ホテルは、緑に囲まれた七〇の部屋、三つのプール、二つのレストラン、それにラン園、民芸品店、三〇〇人収容の会議室まで備えた優雅な施設からなっており、これぞリゾートというものである。我々の部屋は海に面した「ウォーターフロント・バンガロー」というもので、ベランダの下には波が打ち寄せている。窓からは緑の島々とアウトリガーの小船が「濃い」景色を創っている。この内容なら世界に誇れるのではないか。「パプア・ニューギニアのベニス」と言われるだけのことはある。東南アジアのリゾートにも行ったが、マダンの圧勝ではないか。もっと知って欲しいホテル・地域である。

ハウスタンバランに関する文献を探しに街へ出る。しかしキリスト教関係の本がほとんどで、お目当ての本はない。ホテルに帰って、ポートモレスビーの国立図書館でコピーした文献を調べる。

その論文は「伝統的建築物を記録するための村落研究プロジェクト」（ウォーレス・M・ラフとルース・E・ラフ）というもので、内容はハウスタンバランを中心とするパプア・ニューギニアの伝統的建築物の記録保存とそれらの歴史及び課題に関するものである。読み進むうちに「これは参考になる！」ということが判ってくる。そしてその論文は、ポートモレスビーで聞いたレイ工科大学のマクラフ教授夫妻の手によるものであった。

マクラフ（Wallace Mac Ruff）氏は、風致的都市計画術（landscape architecture）の講師かつ研究員として長年活躍している（風致的都市計画術とは、「快適な環境を形成するため土地の自然的要素と人為的要素を調和的に整える技術、風景計画。狭義には造園技術」《日本建築学会編

「建築学用語辞典」岩波書店》とのこと)。一九五八年以来、彼の亡き妻ルース(Ruth E. Ruff)と一緒にパプア・ニューギニアの伝統建築物に関する題材を収集している。彼はこのままでは他の発展途上国と同様に消滅してゆくこれらの遺産を保存するために、彼のコレクション(莫大な数の写真、スケッチブック、フィールドノート)や彼自身が描いた絵などを「パプア・ニューギニア建築遺産センター」に寄贈している。なお同センターは、一九九五年にレイの工科大学によって設立された非営利法人で、工科大学建築学部のプログラムとして一九七二年に始まった村落研究を継続して行っているとのこと。また妻のルースはアメリカオレゴン州にある「ラフ・パプア・ニューギニア原始美術ギャラリー」とパプア・ニューギニアの工科大学にある「ウォーレス・ルース・ラフ工芸ギャラリー」の館長であった。彼女はカンザス州立大学を卒業し、オレゴン大学の大学院で人類学を学んだ。彼女は夫と一緒にパプア・ニューギニアの伝統的建築物や芸術それに村落の配置図を記録保存した。

その内容を抜粋すると、

一九七三年にネービル・クエリー(パプア・ニューギニア工科大学建築学部長、当時)によって創設された「伝統的建築物を記録するための村落研究プロジェクト」は、パプア・ニューギニアの伝統的様式・技術の分野における「建築用語」を造ろうとしていた。つまり外国から移入された方式だけではパプア・ニューギニア固有の問題の解決は難しく、伝統的な方式の併用が必要であったが、伝統的な建築方法、材料、居住用の建物様式の分布状況、技術に関する情報は不足していたのである。

一、築き上げられた環境という観点から若者に伝統遺産を教育すること
二、伝統形式の保存を奨励すること
三、現在や将来にふさわしい都市環境を計画する基礎として、過去のパターンを使用することに力点を置くこと
四、将来の研究の参考となる題材の骨子を造り出すこと

これらの当初の目標を達成するため、一九七〇年代や一八九〇年代初期にはプロジェクトの調査員は特に当時現存する建物のディテール、建設技術、デザイン要素を得、以前の写真や報告と比較することによって「伝統」の特徴を明らかにしようとした。そのために建物の実測図の作成、写真、スライド、カメラのレンズでは適さない特に重要な建築ディテールのフリーハンドの製図、儀式用の工芸品の製図、居住パターンを描いた配置図などを作成した。マクラフ教授夫妻は報告書の中で物理的データを記録することを最も強調しており、また付帯する民族誌学の研究や、地理学や人類学などの他分野の専門家との共同プロジェクトも勧めている。

しかし実際には思うように事は運ばなかった。

一九八一年にはラム川流域の老朽化したハウスタンバランが調査され、ボットボット村やボロイ村のハウスタンバランとウォリムビットとして知られるカンガナマンのハウスタンバランも写真に収められた。しかし、写真技術が低レベルであったことと、費用がかかり過ぎたことが活動をする上での障害となった。

またさらにプロジェクトを遂行する資金に窮することとなってしまった。データの活用の面でも次のような問題が発覚した。

大学のスタッフ・学生とも概して、風洞、コンピューター、エレベーター、空調などのオーストラリアやアメリカ特有の技術的側面等に関心があった。元々、大学への政府資金もこれらの授業を提供することに向けられていたため、カリキュラムの中でデザインコースの比重は低下し、最早「伝統的」建築物を扱う余分な時間はなかった。同様の問題はハイスクールレベルでも当てはまった。そこでは教師達は生徒に、オーストラリアを模範とした高等教育への選抜試験に通るように教育していた。

フィールド旅行中の生徒達にとって一番のメリットは、まだ接したことのなかったこの国の地域に対する知識が広がったり、以前では気づかなかった建築様式についての視野が広がるということであると思われたが、そのように感じる生徒の数は非常に少なかった。一九八二年の時点で

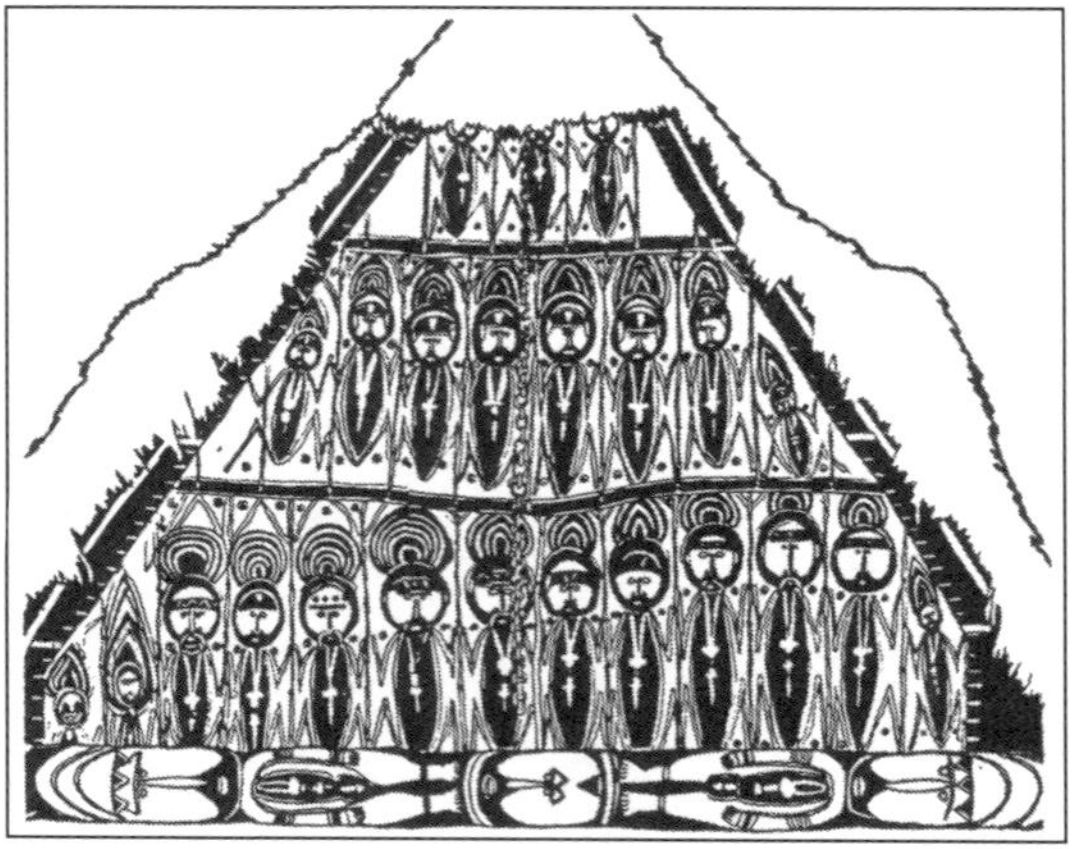

大英博物館に移設されたセラキムのハウスタンバラン。
(出典『SEPIK HERITAGE』)

セラキム・ハウスタンバラン内部にある神像。(出典『SEPIK HERITAGE』)

村落研究プロジェクトの調査関係者はすべて大学とこの国から離れていった。

保存の面でも問題が起こった。

一九七四年と一九七五年に研究された建物は、往々にして一九七八年か一九七九年までには最早存在しなくなった。プロジェクトの期間中だけでも構造物の悪化はかなりひどいものであった。再三再四、国立博物館の人類学者や考古学者が保存活動のために協力して作業していた。木材や繊維が短命であることから、保存することは物理的にますます困難になった。サゴやクナイで屋根を葺く間隔は五年から七年でないといけない。建物を覆うサゴの幹や籐は耐久性に乏しい。固い木の柱は虫食いにさらされる。これらは、たえず新しくし、取り替えられたり、捨てられたりしなければならないし、新しい場所での再建も必要であった。

一九七四年～一九八二年のプロジェクトの間に、多くの重要な建築物に関して問題が起った。セラキム（ウォセラ地域）のハウスタンバランはロンドンの大英博物館へ、アッパンガイの小さな建物はシドニーのオーストラリア博物館へと移された。保存にとっては疑いもなく元々あった村よりこれら外国の博物館の方がずっと良いのであろうが、豪華に装飾された両建築物は最早パプア・ニューギニアの人達には利用できなくなったし、お互いにメリットのあるものとしてそれらが移されたかどうかは疑わしい。

元カンボットハウスタンバランのファサード。（P.94下図と同じもの）（出典『SEPIK HERITAGE』）

マプリックやウォルセラの四つの意匠様式を代表しているマプリック文化センターにある四つのハウス・タンバランは、天候や放置や文化の破壊行為（一九七九年～八二年）によって倒壊した。マプリック・ハイスクールの校庭にある二つの小さなウォルセラハウスタンバランは崩壊し、多くの樹皮の絵画や伝統的なイニシエーション用の部屋やそれに建物自体が跡形も無くなってしまい、パプア・ニューギニア国内で見ることができるのはプロジェクトによって記録された写真と絵だけになってしまった。コーマ地域の豊かな彫刻や天井画があるアンブンティの集会室は、屋根から天井に急激に浸水して崩壊し、国立博物館が保存に向けて処置を講じ出した。現存するカンボット様式のハウスタンバランの一つにある壮大な樹皮の絵画とファサードの修理をするように、村人に対し国立博物館が支援していた。ラム川を代表するユニークな様式の樹皮の絵画を含む最後のハウスタンバランは全面崩壊の真っ只中であった。カンガナマンのハウスタンバランであるウォリムビット（一九六七年に国の文化財に指定された）は地震によって一九八〇年に損害を受け、村人は「修復する」か「再建する」か議論していた。

伝統的な建築物の再建のための資金援助を求める動きが新たに村民から出てきた。

一九七九年にはガルフ州のテテウイ村やぺぺハ村に古い形式のログハウスが生活用として自主的に再建された。一九八〇年にはウォウォボの村民が彼らの伝説を記録するためにガルフの村に民族誌学者を送り込むよう政府に要求した。南ハイランドのメンディ近くの村民は彼らの伝統的なハウスタンバランの再建のために政府に財政支援を求めていたとの報告がある。彼らはもしその構造物が崩壊したら村民に災難が降りかかるだろうと懸念していたし、良い道路のついている新しく復元された建物は旅行者にとって人気のある見世物になるし、それが村民に収入をもたらすことも理解していた。

また現在までのところ、プロジェクトが描いてきた絵は、図書館のニュースレターのロゴや工科大学の調査報告書の装丁として使われたり、著書に挿入されたりしている。写真と平面図も展示等で活用されている。コピーされた全ての報告書は国立博物館やパプア・ニューギニア研究所や国立図書館や大学図書館や工科大学に置かれている。いくつかの題材は、一旦完成され国にファイルされてはいるが、大学の授業を通じて或いは直接的にパプア・ニューギニアの人々に役立つことになるであろう。

以上述べたことは、教育面とプロジェクト面の双方で否定的な側面を強調しているように思えるかもしれない。もちろん資金の問題が常にあり、活動は緩慢にしか進まない。題材を最終的にどう使用するかについては曖昧である。その国家遺産に対し正当な価値が認められるには、パプア・ニューギニアの別の世代が成熟しなければならないかもしれない（一方で記録が使用できる内に、今活動を進めなければならない）。おそらく題材は「将来への資源」とラベルされてファイルされるべきである。建築は問題解決型の芸術であるから、建築形式に関するこれらの記録は、過去を理解するためや、同時代の問題を明らかにするためや、将来にとって適切な様式を創造する力を刺激するために活用できる。

マクラフ教授夫妻のこの論文は、伝統建築を記録保存することの意義や、またプロジェクトが崩壊との競争であること等々、改めて考えさせてくれる。

西村さんがポートモレスビーから帰ってこられ、ホテルのロビーにおみえになった。ビザの申請手続きが長引かれたようだ。

西村さんはアンゴラムのハウスタンバランの再建構想をもう一度語られる。クロメント氏からもらう予定の土地にあのハウスタンバランを移転し、同時に合掌造りと五重の塔を建て慰霊の公園にしたいとのこと。そして合掌造りには地元に新たに柱の彫刻を競争で作らせて、賞金を与えてはどうかというアイデアを持っておられる。また彫刻家のための学校も作りたいと言ってられる。西村さんは残された時間と戦ってられるような気がする。西村さんは、足を引き摺りながらこのホテルに勤めるサム氏の妹と一緒にサム氏の離れ小島に帰っていかれる。

夜、海辺のレストランでバイキング。ここでも酒は現金払いなので面倒くさいが、生演奏もあり心地よい。しかし話の内容は西村さんのハウスタンバラン再建計画の話や仕事の話など、盛り上がるのはやはりそういうところである。ほろ酔いで帰る。

15　ワインで乾杯、三リットル

荒れた波の音で寝ていられない。おまけに汗びっしょりである。五時半頃から起き出し、七時に朝食を買いに街へ出る。

波止場の先では多くの女性が魚釣りをしている。アウトリガーのカヌーに乗って釣り糸を垂れている。埠頭から海を覗き込むと、透明の水に小魚がウジャウジャいる。しかし釣果はいかがなものか。釣り上げる場面に出くわさない。この入り江のほとりにある露店での売り物にするために頑張っているようだ。この国では女性がよく働くと聞く。男性連中も是非評判を上げて欲しいものだ。

緑の多い街を歩く。マーケットは閉まっている。そう言えばホテルのルームキーパーがこのところずっと閉まっていると言っていた。小売店がそうある訳ではなし、一体生鮮食料品の流通はどうなっているのだろう。幸いガソリンスタンドの隣に小さなパン屋があったので、立ち寄る。多くの人が店先で待っていたが、ここでは順番など関係なく、早い物勝ちである。「外人」の私は若干有利である。手を挙げると、「競争相手」から一目置かれる。その一瞬の隙をついて注文をする。

実は日本でも関西方面で早い者勝ちの傾向が強い。車の割り込みや交通機関に乗り込む際の行動によく現われている。東京に来て最も驚いたのは、バス停で人が整列していることであった。京都では入り口になるであろう付近に人が群がって、運良く乗車口の近くにいた人が早く乗れるというのが暗黙のルールであった。惜しくもはずれた人は

「くそーっ」

と悔しんだものだ。予知能力と瞬発力が試されるスリル満点の場面であった。

無事ミートパイとココナッツチョコレートパイとジュースを購入する。お支払いは二・八〇キナ（約二五〇円）であり、この国にしては豪華な朝食だ。

帰り道に郵便局があった。面白いことに壁の一面にゲタ箱のようなものが並んでいる。蓋は鉄で出来ており、黒光りしている。「私書箱」である。昔、東京都〇〇局区内私書箱〇〇てなところに懸賞の葉書をよく出したものだ。これが私書箱だとは思いもよらなかった。つまり配達制度が

ないのだ。皆んな、郵便物をここに取りに来る。戸口に持って来てくれるというのは何と便利なことであるかと見直す。さらに宅配便とは何とすぐれた制度なのであろうと改めて思う。しげしげと「私書箱」を見学してホテルに帰る。

博物館へ調査に行く。

タクシーで乗り付けた先は、木造の建物。「博物館」というにはこじんまりしているが、体裁はやはり「博物館」である。しかも入口の看板には「HAUS TUMBUNA（祖先の家）」と大きく書かれており、他に「マダン観光文化案内所」「マダン州立博物館」「マラボ劇場」「工芸品店」と併記されている。受付を過ぎると、大きな部屋に入る。ところ狭しと物が並んでいる。展示室は結局この一部屋だけであるが、この切妻屋根の大空間は充実している。マダンは土器が有名と聞いていたが、やはりいくつもの産地と産品の紹介があった。日本の縄文土器との関連が研究されている土器である。またマダンは海に開かれた町であるのにふさわしくアウトリガーのカヌーが展示されている。

ニューギニアには大昔に二回大きな民族の移住があった。

一回目は四万五〇〇〇年前頃と推定されている。それはレイ近郊のフォーン（ヒュオン）半島で遺跡が発見されていることから判る。当時のニューギニアはオーストラリア大陸とタスマニア

サフル大陸とスンダ大陸。ニューギニアとオーストラリアは一体になっている。（出典　大塚柳太郎編『モンゴロイドの地球』東大出版会）

島と一体になっており、それらはサフル大陸と呼ばれている。一方東南アジアの島嶼部（インドネシアあたり）は、スンダと呼ばれる大陸の一部になっており、人々はこの方面から移住したと考えられている。因みにその後地球の温暖化が進み八〇〇〇〜一万年前には現在の様なバラバラの地形になっている。

二回目は約三六〇〇年前の移住である。これらの移住は「ラピタ」と呼ばれる特有の土器によってトレイスされる（「ラピタ」という名称はニューカレドニアの遺跡の名前に因んでいる）。ラピタ集団は、アジアが起源とされ、北部ニューギニアからポリネシア、ミクロネシアまで長躯、遠洋航海をしており（ハワイ諸島、イースター島やニュージーランドまで拡散している）、南アメリカまで到達したのではないかという推測もある。その移住の動機については定説がない。

彼らは現在のニューギニアの生活様式に大きな影響を与えている。彼らは東南アジアの重要な産品を運んでおり、栽培植物では、タロ、ヤム、バナナ、ココヤシ、パンノキ、そして家畜ではブタ（ラピタ以前から飼われていたという説もある）、イヌ、ニワトリがある。貝類を使った装身具や貨幣、入れ墨、土器、木鉢、独楽、あやとりなども彼らの文化と考えられている。もっとも、最近セピック川の河口付近などでラピタ土器より古い土器が見つかっているとのことで、さらに別の移住者の可能性も出てきており、古代史のフレキシビリティを感じさせる（大塚柳太郎編『モンゴロイドの地球』東京大学出版会）。

アウトリガーカヌーはラピタ人の航海の必需品であった。

しかし展示の中で最も印象に残ったのは、ハウスタンバランの「束（つか）」である。ガラス越しの部屋にキチンと飾られており、その彫刻がおりなすデザインの大胆さとのミスマッチが面白味を出している。立派な芸術品である。これならアンゴラムにあったハウスタンバランの一部品もれっきとした博物館の展示品になるということだ。やはり、ないがしろにされているだけなのだ。

博物館から海辺の道「コロネーション通り」を歩く。存在感のあるビスマルク海が高い水飛沫をあげている。水に戯れている人がいる。しばらく歩くと前方に放置された旧日本軍のマシンガンが見える。

「ヤシの木の下を歩くと危ないですよ」

白川さんが適切なアドバイスをしてくれる。ヤシの実が落ちてそれに当たって亡くなった人は数多くいるそうだ。デイゴ（梯枯）の赤い花を見ながら、成田さんは元勤務地の沖縄を思い出してられる。沖縄のデイゴは春に咲くそうだ。

木になる花は珍しいと長らく思っていたが、案外そうでもないらしい。東南アジアに出張で行った時、街路樹には黄色い花が高く咲き誇っていた。

「日本にも沢山あるよ」

と同行者に言われ自分が如何に日頃日本で「上を向いて歩」いていないかを感じた。

昨日と同じ海辺のレストランへ夕食をとりに行く。今日は昨日と違いバイキング料理ではなく一品料理である。今夜は「最後の晩餐」である。しかしついつい気になる報告書の骨子を決める話し合いとなる。その結果、成田さんがハウスタンバランの図面、白川さんがスケッチというように持ち場を分けていくことになる。一応の役割分担が決まるとホッとし、ビール、ワインが進んで来る。今回の調査旅行の思い出を肴にペースが上がってくる。そのうち料理が無くなってし

マダン州立博物館にある展示物。

まったが、成田さんが日本からご持参のつまみを部屋に取りにいかれ、大根の漬け物を持って戻ってこられた。それらの「持ち込み品」がテーブルに広げられ、結局皆んなでビール六本の他にワインを三リットル開けてしまった。「赤」「白」「赤」と飲み干し、大変めでたい。

部屋に帰り日本の留守宅に電話をする。すると家内が
「かかった！　すごい！」
と大歓声である。どうも私から家に連絡するように家内がホテルに国際電話をかけていたようで、無事メッセージが届いたものと思ったようだ。家内の英語が通じた、と折りから来てもらっている実家のじいちゃんばあちゃんらと盛り上がっている模様。残念ながら部屋の中にメッセージらしきものはどこにも見当たらないのだが……。

16　ボブさんのお見送り

昨夜の酒量の割には早く目が覚める。テレビをつけると朝っぱらから西部劇をやっている。たくましい女性のガンマンがバンバン撃っている。一対一の決闘シーンの連続で、すっかり興奮して寝られなくなってしまった。早朝からやる内容の番組か？　と考える。

ホテルで朝食をとり、報告書の準備と荷造りで午前中を過ごす。西村さんがサム氏と来られた。西村さんへのお支払いを済ます。お支払いの内容は西村さん自身の手当と実費および調査補助員達の手当の立て替え金である。昼食の後、我々が土産を買いにいきませんかと誘うが、西村さんは足が快復されておられないようで、ぶらつくのも控えておられる（実はこの時足の甲を骨折されていたのだった……）。

マダン一六時四〇分発の飛行機は若干早目に出発した。後ろの席では希望の席を取れなかったおっさんがスチュワーデスにブーブー文句を言っている。大変うるさい。しかし機体が宙に浮きだすと、緑と青に包まれたマダンの美しさが心を奪ってくれる。西村さんがサム氏からもらう約束になっているという小さな円形の「マダン島」。そしてサム氏一家の住む大きな島。飛行機はマダンの岬に沿って大きく右に旋回する。マダンリゾートホテルの施設が手に取るように見える。アストロラーベ湾上をしばらく進むと、再び陸地へと突入する。グンビ岬である。さらに進むとフィニステール山系とサラワケット山系が現れる。雲の合間にかなり険しい山肌が見える。ここらが日本軍が敗走した地獄の山岳地帯である。

豊谷さんが一生涯の傷を負われたフィニステール山系にも劣らず、サラワケット山系にも壮絶な歴史がある……。

太平洋戦争開戦の翌年（一九四二年）、東部ニューギニアに於いてポートモレスビー攻略作戦に失敗した日本軍はココダトレイルを退却し、ラエ（現在のレイ）まで撤退した。一方連合国軍はラエの東方のポポオに先回りして上陸することによって、日本軍の退路を絶った。「死守か撤退か」の選択は戦力上明らかで「撤退路」に関して次の三つの選択肢が検討された。

A、海岸線沿いにフィンシハーフェンに向うルート

B、マーカム河沿いにマダンに向うルート
C、サラワケット山を越えるルート
この中で、Aルートは連合軍豪軍が上陸しており、Bルートは落下傘部隊、空軍部隊に占領されており、Cルートは険峻困難ときている。BかCのルートの選択となったが決定は師団長に一任された（田島一夫著『ニューギニア戦悲劇の究明と検証』戦誌刊行会）。
結局Cルートに決定され、八〇〇〇人の兵士は、富士山より高い標高四〇〇〇メートルを越す巨峰サラワケット山に挑むことになる。
当時ラエの陸軍野戦高射砲隊上等兵でサラワケット越えを経験した佐藤弘正氏は著書『ラエの石』（光人社）の中で次のように記している。標高三五〇〇メートルのツカケット渓谷の地点から山頂に臨む時の情景である。

死の影がそこにあった。ここまで越えてきた幾多の断崖の下には、餓えとマラリアとアメーバ赤痢にかろうじて耐え抜いてきた将兵を、寒気が無残にもその命の灯をもぎ取った光景がかならずくりひろげられてあった。倒れた兵の多くは、陸の行軍に不馴れな海軍さんたちであった。（中略）精神力でここまで来たが、ついに木の枝の杖を両手にしっかりと握り、顔を紙のように白くして、ぼろ屑のように死んでいった。

山頂に近づくにつれ、その数は三人から五人と増してきた。奇態なことに、その屍のいずれもが手足を異様にくねらせ、前にのめり、あるいは拳でしっかり物をつかみ、死に切れぬ残心そのままの姿を、岩肌に横たえていたことであった。

また泥の湿原が広がる頂上から集合地点のキアリに向けて下山する様子は次のようにある。

夜が明けていた。はるかな谷底はまだ暗い。黒い闇の上に、白い霧のベールがおおっていた。

泥とすすと、あかでよごれた兵隊たちが三々五々、電光型に、注意深く急傾斜の崖を手でなでながら降りはじめた。

足をすべらしたときの用心に、片方の手はかならず何かをつかんで降りた。二十センチばかりの細い草が生えていたから、しっかりそれをつかんでは、足場を確かめて降りた。

私の前に元気な奴が大勢、ここを降りて行ったはずなのに、この崖にはろくな道がなかった。てんでに足場をつくって越えたらしい。

ジグザグ型につくられた足場の角に人間がうずくまっている。こんなところで休めるはずはない。だが、そいつはいつまでも動かずにいる。よく見ると、足が土から離れている。体をやや横向きにして左腕をのばしているのだが……。

まさかと思ったが、その兵隊はやはり死んでいた。左手でしっかり草をつかんでいるのだ。

標高4000M以上のサラワケット山系。富士山より高い。これらの山を越えて日本軍は「転進」した。

彼の体の転落を防いでいるものは、左手でつかんでいる一握りの草のひげ根である。

何もこんなところで死ななくとも……。私は急に彼が哀れになった。崖に四つんばいになりながら、そいつの顔をじっと見つめた。三十歳ぐらいの顔であった。招集兵であろう、骨太のガッシリした指もきっちりと草を握り、指の間から青い葉が曲って出ていた。右手は腹のあたりの草をつかみ、爪を立てて転落を抑えている。

右手の小指がついているからには、こいつの戦友はとうに行ってしまったのだ。

結局この山越えには四五〜五〇日かかり、行軍した約八〇〇〇人の内約四〇〇〇人が餓死、病死、転落死している。連合国軍は戦わずして戦果をあげていたことになる。

一九八八年～八九年にサラワケットに遺骨収集に行かれた貴心寺（茨城県大子町）の住職である富野貴心氏に、自らがまとめられた写真集『私が見たパプアニューギニア』をいただいたことがある。それは彼が熱意を込めてられた遺体収集写真集かつ記録集で、数多くの遺骨が掲載されている。野晒しの頭骸骨は泥にまみれ、あるいは苔むしており、中には自決のためか口に棒か刀のようなものを咥えているものまである。思わず目を背けてしまう悲惨さが満ち溢れている。そして戦争の恐ろしさと平和な時代になった礎は何かということを改めて考えさせられる。

こうして機上からそれらの険しい山々を目の当たりにしてみると、何千人もの撤退兵が登り降りしたことは想像しがたい。

レイを過ぎると一面の雲海となる。ハイランドだけが遠く頭を出している。再び雲が切れ出したと思うと、そこにはオーエンスタンレー山脈が浮かんでいる。ここも戦争の歴史が林立している地域だ。西村さんの人生を変えた山脈だ。機体がブルブルと震えると、もうポートモレスビー、ワイガニ地区。国会議事堂を右手に見ながら着陸体制に入る。

空港にはボブさんとミチンさんが出迎えに来てくれた。ボブさんは大変お疲れのようであったが、奥さんと息子さんそれにご親戚の方はお元気であった。皆んなでポートモレスビー郊外へバカンスで行かれた後、オーストラリアのエアーズロックに行かれていたそうだ。確かにオーストラリアとパプア・ニューギニアは近い。

ボロコ地区にある中華料理店で食事をした後、再びボブさんの家に戻りビデオを見せてもらう。

「鎮魂の森に生きる　ニューギニア・元日本兵の五二年」

ＮＨＫが制作した西村さんに関するドキュメンタリー番組である。日本で八月一八日に教育テレビのＥＴＶ特集として放映されたものの録画である。西村さんの活動内容が端的にまとめられた四五分番組である。そして井川比佐志のナレーションと不協和音を強調したＢＧＭが重厚さを加えている。ミチンさんもクロメント氏も出演していた。先祖が深い穴ぐらから出てきたというミチンさんは自分の映像を見て照れ臭そうにしていた。取材協力者として会長の横田さんとボブさんのテロップがエンディングで流されていた。西村さんには何とか主眼の「ココダトレイ

絵葉書。クブカイン村の戦闘用の楯。
（マクラフ教授コレクションより）

ル」で頑張っていただきたいと思う。

一旦空港でチェックインしたが、またもやボブさんの家にお邪魔する。夜行便であり、時間があるためご好意に甘える。成田さんは釣りの道具の使い方を子供達にレクチャーされ、大人気である。この国が誇るハイランド産のブルーマウンテンコーヒーをいただいた後、一一時三〇分頃再び空港へと出発する。

空港は流石に日本人が多い。週に一度の直行便であるから仕方がない。ボブさん一家はお疲れであるのに、最後まで見送ってくださる。タラップまで歩く間も、車の中から大きく手を振っておられるのが見える。本当にお世話になった。ほとんど最後の客である我々を乗せると、一二時二五分、機体は轟音とともにこの黒い大地を離れていった。

17「精霊」と「慰霊」

うつらうつらと三時間。

四時の朝食はやはり早い。やがて進行方向右側の空が白んでくる。沢山の入道雲が雲海と天空の境界線に並んでいる。それらの雲の塊はモリモリと或いはスラーッとそれぞれがユニークな形をしており、まるでお祭りの出車の行列のようである。おまけにグレーの雲の輪郭が背面からの日の出前の陽光で朱く染まり、雄大な朝雲のパレードを創り出す。五時一〇分、雲間から白く陽が顔を出す。すると今まで見えなかった手前に広がる雲海の陰影が際立ってくる。朝焼け、夕焼けは

「自然にはかなわないなあ」

と思わせる荘厳なイベントである。

ニューギニア航空のエアバスA三二〇―三〇〇は三〇〇人乗りだが、エコノミークラスは見たところ半分強の入りのようだ。一方ビジネスクラスは六〇の座席のうち乗客は、七人である。ゆったりできる。また、ほとんどが日本人である。

白川さんは日本人スチュワーデスの前田さんと話してられる。彼女は今回初めてスチュワーデスになられたとのことで、新人である。彼女の常宿は我々の宿泊した「エアウェイズ」のアパートメント（別館）とのことだが、週一のフライトのため、一週間ずっとホテルに滞在しているのだそうだ（ただ、合間に別のフライトもあるようだ）。しかも一人では夜も全く外に出れないとのこと。娯楽もなく、一人ぼっちで部屋の中でテレビばかり見ているのも飽きるし、これは結構大変だと思う。まあ当たり前だが、スチュワーデスもいつもニコニコしているわけではない。頬を休める時間も要るのだ。

そんなこんなしているうちに着陸体勢に入る。とは言ってもまだ四国最西端の佐田岬である。徐々に降下していき、雲間から鳴門大橋が見え、大阪市を左に見ながら関空へと突入する。ターミナルビルに降りる。これが同じ地球かと思えるほどの施設の違いである。インフラの凄さを改めて見せつけられた。

白川さんを始め同行の皆さんにご挨拶をして別れる。白川さんはこれから車で広島まで帰られ、明日の夕方からグアムへ六日間家族旅行に行かれるというから、いやはや本当にお元気な方である。こちらも大いに元気をいただいた。

成田さんと予約より一便早い国内便で羽田へと向う。機内のニュースでは、熊本の女子大生の誘拐犯が捕まった様子を詳しく報道している。久々のおにぎりを頬張りながら、結構物騒な話題をキャッチアップする。

予定より一時間早く羽田に着いたため、成田さんは息子さんの出迎えを待つことになる。手に握られたセピックの木彫りと腕に巻かれたマダンの貝飾りが何とも言えない。一足先においとまする。二人の「戦友」と別れ、一人でモノレールとＪＲで帰路につく。バックパッキングとスーツケースは浜松町駅と赤羽駅でひどい重荷になった。空気もムシムシしているし、日本に帰ってからの方が疲れるという感じである。

家に帰り、家族や関係者に電話を入れ、カップラーメンで昼食をとる。昔ポートモレスビーで勤務されていた天草在住の知人宇土雅典さんからは西村さんのビデオ「鎮魂の森」を届けていただいている。一五日間の新聞を見ると、殺人、誘拐、倒産、事故……何と事件の多いことか。日本の方がよっぽど物騒に思える。

久々の一人である。家族は実家に帰っている。この貴重な時間を如何に有効に使おうか。と思っても、やっぱり旅の疲れにはかなわない。じわじわにじみ出てくる疲労感。でも、心の中でこの一五日間の体験と人間関係の発酵が始まる。

NGOとしてハウスタンバランの調査が目的でパプア・ニューギニアに入った。ピリピリとしたポートモレスビーからゆったりとしたセピックに進み、緊張した気持ちも徐々にほぐされていった。そしてそれと同時に心を強く圧迫するものを感じだした。

そのひとつは精霊の家「ハウスタンバラン」である。そこには単なる伝統的建築物というだけでは済まされない、何というか「迫りくるもの」がある。これはハウスタンバラン自体、魂を凝縮して造られている建物であることによるのであろうが、そんなことを知らなくても、なんせ彫刻や絵を見ただけでびっくりする。何が描かれているのかは判るのだが、これだけデフォルメされたデザインを見せられると、細かい現実にこだわっていることが阿呆らしいもののように思えてくる。内面を表現してるといってもシュルレアリズムのようにとっつきの悪いものではない。人間がこれであっていいの⁉　ワニがこんなんでいいの⁉　という感じである。ピカソに近い気がするが、素朴で荒削りであるだけにこちらの方が身近に感じる。視点を変えてもっと別の角度からものごとを考えなさいよと諭されているようである。

「どうだ！　俺達は命をかけて造ったぞ！」

と裸の生命がぶつかってくるような、そんな感じのするハウスタンバランである。

　そしてそれにも増して、心に深く残ったのは今回お会いした人達の歴史、特に戦争体験であった。前回のラバウルへの旅で太平洋戦争というものに身近に接することになり、それ以後いつも関心を持って過ごしてきた。それだけに今回の旅では、関心という意味で初対面ではない戦争に敏感に響くようになった。

　西村さん、川畑さん、豊谷さん、皆さんそれぞれ命に関わるところでの体験をされている。西村さんのポートモレスビー作戦、川畑さんの人間魚雷「回天」、豊谷さんのフィニステール越えなど、皆さん幸運であったため生き残ることができたが、幸運である可能性はほとんど小さかった。命に近いところの体験談そしてその体験が影響を及ぼしたその後の人生がやはり心にインパクトを与えたのだと思う。そして成田さんの叔父さんを含め皆さんが関わった戦いとは一体どういったものだろうかといった関心がさらに高まっていった。あれだけのエネルギーをかけ、犠牲者を出した「太平洋戦争」は一体何だったんだろう。どれだけ将来に生かされることになるのだろう。マクラフ教授ではないが「将来への資源」となるのだろうか。

　パプア・ニューギニアを旅して結局のところまたもや戦争にたどり着いてしまった。

オーストラリアに関心を持つ人は多く、旅をする人も多い。しかしオーストラリアへの飛行機での通過点である巨大な島ニューギニアに関心を持っている人は極端に少ない。五五年程前はオーストラリアよりも、圧倒的に日本人が滞在していた島である。逆にオーストラリアには空から海からと爆撃をしていたという間柄であった(リゾート地ケアンズの北にあるポートダグラスも空爆しているし、なんと特殊潜航艇でシドニー湾内の艦隊まで撃沈している)。ニューギニアでは相当な数の現地人と接し、協力も受け、影響も与えている。そのためかパプア・ニューギニアの人達は日本人にかなり関心を持っている。その割りに日本人のパプア・ニューギニア人に対するあまりの関心度の低さが残念である。

ダイビングやトレッキング等のファンにとってパプア・ニューギニアは最早過去の国ではなく、憧れの国となっている。そういった観光客を中心に年々訪問する人が増えている。経済的にも石油、天然ガス等の資源が注目されはじめている。確かにそれだけでも価値のある国であると思う。しかし一方で、もっと「心を揺さぶりたい」「心を鎮めたい」という人達も毎年数多く訪れている。

「精霊」と「慰霊」

今の日本人がともすればなおざりにしがちな「畏れ」「思いやり」などを思い出させてくれる国、パプア・ニューギニア。

パプア・ニューギニアは、魂が充満した国だからである。

あとがき

津波災害

「Tsunami Wipes Out Villages.」（豪公共テレビＡＢＣニュース）

車のワイパーが水を拭き取るように、津波（英語でも「ツナミ」と呼ばれている）が村を一瞬にして跡形もなく洗い流したという意味である。

一九九八年七月一七日金曜日午後六時四九分、パプア・ニューギニア北西部にあるウェスト・セピック州沖合いで地震による津波が発生した。高さ九～一五メートル、幅三〇キロメートルという巨大な津波が時速約六〇〇キロメートルという飛行機並みの速さで沿岸の村落を襲い、それらを一瞬にして壊滅させた。犠牲者の数は二二〇〇人以上と言われているが、正確な数は判らない（犠牲者数は生存者数から推定しているが、その日が丁度休日であったので里帰り者が多数いたためだ）。多くは溺れた者、ヤシの木にたたきつけられた者、家屋の下敷きになった者であった。泥に埋まったり、海に流されたりしたため遺体の収容作業は困難を極めた。遠くイリアンジャヤ（インドネシア）まで漂流したものもある。遺体の腐敗のため被災地一帯は「汚染地帯」として封鎖された。震度が三～四という軽度の揺れの割には津波が大きい所謂「津波地震」であった。現地では「アイタペ災害（Aitape Disaster）」と呼ばれている。

この年の夏に行ったハウスタンバランの調査が、たまたまこの「アイタペ災害」の直後に当たったため、会として急遽支援を行うことになった。現地で救援活動のお世話に奔走されている川畑さんのアドバイスで「お見舞金」を募ることになった。お手紙や電子メールでお願いをした結果、お蔭様で多くの人からのお見舞金をいただくことができ、まとまった額の日本円を抱えての訪問となった。

八月一四日、休日を利用しウェワクから車で五時間かけ、アイタペに行った。お見舞金をどの相手先に届けるのが有効かを探った結果、カトリック教会アイタペ支部の主催する「復興委員会（Rehabilitation Committee）」の会長（chairman）にお届けするのが間違いないということになり、会長のタス・マケツ氏に直接お会いしてお渡しした。この教会は「St. John Of God」というもので、この災害後最も早く救済に乗り出したところである。その後パプア・ニューギニアの「運輸建設労働省」とタイアップすることになり、救済と復興に取組んでいた。

災害対策は、人の救済から地域の復興へと準備が進んでいた。津波による橋の倒壊のため道路が川で寸断されており、救援物資を運ぶにも、住宅や学校をつくるにも、ままならない状況であった。橋の建設と道路の復旧が次の段階の最も緊急でかつ必要不可欠な課題であることから、お見舞金は、復興第一号のプロジェクトである橋の建設に使ってもらうことになった。そして一九九九年五月二五日に現地から次のような連絡があった。

「フレンズ・オブ・ＰＮＧと英国の団体の基金により、津波災害によって橋が押し流されていたワイポ川に二五メートルの橋が五月二一日完成した。また特筆すべきことは、これらの資材の八〇パーセントはパプア・ニューギニアで製造されたものである」

お蔭様でお見舞金は無事お役に立つこととなった（お見舞い金をいただいた皆様どうも有り難うございました）。

被災地に赴かれた「メルセス会修道女」清水靖子さんから後日お聞きしたお話では、タス・マケツ会長自身この津波でお母さんを亡くされたそうだ。災害時、出身のシサノ村にいなかった彼は次のように語っていたという。

「私がいたら助けられたのでしょうが。母は五キロ先まで流され、遺体は家の下に埋められました。その後、飢えた犬と豚が遺体を掘り出して食べてしまったんです。頭も体も地上に散らばされたんです」

被災地の一部(テレス村)。津波により家屋は壊されヤシの木は曲げられている。(成田修一氏撮影)

家の束だけが残されている。テレス村。

「お見舞い金」をお渡ししたところ（1998年８月14日。於、アイタペ）。（左、タス・マケツ「復興委員会」会長。右、横田満人「フレンズ・オブ・PNG」会長）

「お見舞金」で建設されたプレハブ橋。

また、被災地の一部にも訪問した。時間と道路の制約から被災地のほんの入口の村にしか行けなかったが、それでも訪れたテレスという村は全滅していた。海岸から遠いところにある高床式の木造家屋はそのまま崩れ、近いところにある家屋は押し流されヤシの木に打ち付けられて木っ端微塵になっていた。橋はぶっ飛ばされて池に沈んでいた。固いヤシの幹はひん曲がり、枯れ葉と家財道具が散乱していた。そして誰もいなかった。津波の凄さを思い知らされた。阪神・淡路大震災直後の神戸とイメージがだぶった。

この津波災害は他人事ではない。

日本でも一八九八年（明治二九年）に起こった「明治三陸地震津波」では、岩手県で死者二六三六〇人、負傷者四三九八人という大きな被害を出している。津波の高さは最高二二メートルにも達したという。しかしながらこの時の地震も震度三と揺れは強くなかったという（力武常次「日本の危険地帯」新潮選書）。

気象庁が出す津波予報の基準は、平成一一年四月一日より変更になった。従来の予報区が一八から六六と大幅に増えたことと、津波高さの予想がコンピューターの解析により、より正確になったことなどである。このことからより細かい津波注意報などの予報ができるようになったという。確かに従来の予報であると、沖合い一〇〇キロメートル、マグニチュード七・〇という今回の地震のケースを当てはめると、津波高さは二メートル以下と予想されるため、津波警報となる。三メートル以上の場合に適用される大津波警報は出ない。ところが今回は実際には九〜一五メートルの津波であった。一九九三年に起こった北海道南西沖地震における奥尻島の津波災害以来基準の見直しが指摘されていたのであった。但し専門家の中には、地震のメカニズム（縦ズレまたは横ズレ）によって津波高さは大きく差が出るという見方がある。予報はやはり完璧なものではないようだ。

津波から生き残った沿岸部の人達は村を脱出し海から離れたところに避難しているが、その場所に元からいた部族との間に軋轢が生じ、強い心理的葛藤が生まれた。この事が大変悩ましい問題のようである。

ボランティア活動

ＮＧＯ（Non-Governmental Organization）とは直訳すれば「非政府組織」。何か難しそうだが、実はボランティア活動。その中の特に民間レベルの国際協力活動を指している。では一体ボランティア活動の価値とは何なのだろうか。その性格を、「自発性」「福祉性」「無償性」としている本をよく見る。特に「無償性」を強調したストイックなものもある。

セピック川で揺られるうちに、徐々に考え方も揺れてきた。ごく短期間の旅行では日本でのペースを保持しているので、自らの日常の価値観と旅先の状況とのギャップとをはっきりと感じることが出来るけれども、ある一線を越すと自分が変化していくことに気がつく。

「いったい自分は何をしているんだ」

「今やっていることが他人のためになるのか」

妙に哲学的になってくるのだ。

人を幸せにしようと思うのはいいことだが、元々人の幸せは一様ではない。それぞれの立場・レベルによって「幸せ」「不幸せ」があり、それも時間によって変化するという絶対的なものではない。人を幸せにするということは大変難しいことである。

そうしたら「ボランティア」とは取り組みにくいものなのだろうか。

あっさり自分のためということから始めてもいいのかも知れない。もともとボランティアの語源は、ラテン語の「voluntas（自由意志・自発的意志、vol=voloはwillと同じ「意志」の意味）」ということのようだ。勿論やることは相手のニーズにあった社会的活動となる。

福祉教育研究会を主宰している木原孝久氏は「サラリーマンのためのボランティア入門」（日経

連広報部）の中で、ボランティア活動が「豊かに生きる道」であるとしている。その例として「セルフ・ヘルプ・グループの理論と実際」（アラン・ガードナー、フランクリン・リースマン著、久保紘章監訳、川島書店）の中で展開されている「ヘルパー・セラピー原則（helper — therapy principle）」についての分析を紹介している。ガードナー・リースマンの著書を見てみると「ヘルパー・セラピー原則」とは、「援助をする人がもっとも援助をうける」（リースマン）というもので、この原則は援助される側にいる人を逆に援助する側に立たせることによって治療効果をあげることに応用されている。具体的な例としては「問題少年」に他の「問題少年」の援助指導をさせるというものがある。「犯罪者Aを、何人かの非犯罪者とともに、犯罪者Bを治療するためのグループに入れておくと、そのグループは、おそらく、犯罪者BではなくAの治療にもっとも役立つであろう」（ボーグマン、クレッシー）

その根拠の一つとして著者はデュワーという人の言葉を次のように引用している。

援助者であることは気持ちの良いことである。それは私たちに、自制心や存在価値や能力があるという感じを強めてくれる。子供は援助関係のまねをして遊ぶときに、援助される側よりも援助する人の役割を演じたがるものである。その方が気持ちがよいからだろう。人は援助者としての活動と価値によってアイデンティティをきずくのだとすれば、なおさら援助する役割を取りあげてしまってはならない。援助する者は、援助されるよりも援助することを通して利益を得るだろうということは、どんな場合にも比較的簡単に予測できることではないかと思われる。

これらの分析は、ボランティア活動によって人生が豊かになることの一つの顕著な証拠といえるのではないだろうか。

ボランティアといっても、本業が忙しくなるとそちらが優先されてしまうし、「もっと純粋につくせ」と言われても現実には、家庭があり、仕事がありと、意識はあっても「潔癖主義」では行動は出来ない。実際行動することは大変なことである。しかし得難いメリットがある。何と言っても人のためになっているということは、いくら自己満足だと言われても嬉しいものである。単なる「世話焼き」というだけでも良いのではないか。一歩踏み出せば自ずと相手の立場が判ってくるのでは、と思う。そして双方にメリットが出てくるのではないだろうか。

旅行記の出版

「本のことが新聞に載ってるで〜。なんかあったんか〜?」

一九九六年一二月八日、日曜日。京都の実家から電話がかかってきた。京都新聞の書評欄に、私の出版した本の紹介が掲載されているのだそうだ。一二月八日が真珠湾攻撃の日、つまり開戦記念日であることから取り上げられたようだ。

夕方になって再び京都から電話がかかってきた。

「四条（通り）の本屋に行ったら、玄関口に置いたはったで～」

両親は、早速「市場調査」に出て行った模様である。

聞くと、書店の四条通りに面した入口の両サイドに当時のベストセラー『脳内革命』（春山茂雄著）と一緒に拙書が並べられていたとのこと。これは凄いことである。なんせ三九〇万部も売れた本と同列に扱われているのである。しかも京都のメインストリート沿いにである。しかしながら山積みの『脳内革命』と違って拙書は一冊しか置かれてなかったそうだ。

「ということは、売れたんかなあ～」

期待を込めて聞くと、

「前から一冊しか置いたあらへんかったでえ～」

「……」

つまり本が流通していないのだ。顧客が買いたい時に無い。コンビニだったら管理者が大目玉をくらうことであろう。が、残念ながら光栄に預かっただけで「出荷実績」には結びつかなかった。

一九八九年の暮れ、パプア・ニューギニアを一人で旅した。その時の様子を暇を見つけては過去の旅体験を織り交ぜながら旅行記としてまとめていた。それを本として出版しようと思い立ったのは、一九九五年一月一七日に起こった阪神・淡路大震災であった。

地震が発生してから約一週間後に会社の大阪事務所に派遣された。従業員のお世話をすることが目的である。子供さんを亡くされた方を始め、家が全壊してしまった方や家財が埋もれてしまった方など多くの方が被災者として苦しんでおられた。さらに、始めは自分より悲惨な方がおられることから口には出されなかった人達も時が経つにつれて苦しみを顕わにしてこられた。被災地にも赴いたが、焦げ臭い焼け残りの匂い、これからでも崩れ落ちそうな庇、タマゴの殻が割れたように裂けた道路、リュックを担いで黙々と続く行列……。ひょっとしたら戦場というのはこういうものではないかという感じがした。一瞬にして今まで大切にしていたものが無くなってしまう。はかなさ、むなしさ、やるせなさ。そんな空気が充満していた。そこでふと考えた。

「自分が大切にしているものもこんな風にむなしく無くなってしまうんや……」

自分にとって大切なもの、家族、親族、友人、知人、会社関係の方々、思い出。せめて自分の生きてきた証が何とか残る方法はないか。そこで考えたのが出版であった。たとえ自分のフロッピーが無くなっても、出版して世の中に広まればきっと一つ二つは残ることになるだろう。そこでワープロで書き綴った文章をまとめだし、翌年その原稿を飛び込みで出版社に送った。その中で興味を示してくれた出版社があり、一起に出版へと相成った訳である。

発行部数は少なく、読者の層は広くない。しかしながら、本を出版したことで私の周辺では大きな反響や変化があった。

大阪で勤務している同期入社でマーケティング専門家の阪本啓一氏（現在は経営コンサルタント。著書に『パーミッションマーケティングセミナー』（翔泳社）等がある。http://www.palmtr.com）は次のようなメールを送ってきてくれた。

ぼくのマーケテイング策

旭屋（書店）で発見したら、売れている本、たとえば、さくらももこ「あのころ」とか、ダウンタウン松本の本とかの横に並べて、目立つようにします。

立ち読みしながら、

「ああ、面白いなあ!!」

と周りに聞こえるようにします。

ほな!!

お盆で京都の実家に里帰りしている妹から電話があったので、右記の「販促案」の話をしたら、

「地道な営業やねえ」

と淡々と話していた。

しかし二、三日後、次のような電話があった。

「北大路通りの〇〇書店に行ったら、お兄ちゃんの本が置いたったんで、棚から引っ張り出して椎名誠の本のとなりに置いたろと思たけど、椎名誠の表紙の写真があんまり目立っとったんで、やめて代わりにベストセラーのところに置いといたわ」

「販売促進」は盛り上がっている。


さらに実家の両親から次のようなファックスが入った。

「本のチラシを配らしてもろてもええやろか」

何でも、国際交流基金の事業で「パプア・ニューギニア伝統的音楽舞踊コンサート（カイオジ文化グループ）」というのが京都で開催されるので、その会場で来場者に本のチラシを配りたいとのことである。

ううーん。商人（あきんど）の血が騒ぎ、じっとしてはおれないという感じである。

ある日、出版社から次のようなファックスが入っていた。

「日本図書館協会の選定図書に入ったとの連絡がありました。選定図書に入った場合でも、その通知は出版社には少し遅れてとどきますが、図書館からの注文が結構ありますので、選定図書に入った可能性があると思っておりました。大変良かったと喜んでおります」

深酒後のぼんやりした頭で考えた。どうも喜ばしいようだ。

翌朝、京都の実家への電話で、ついでにこの話を出した。

「へえ〜。そりゃたいしたもんやなあ〜。へえ〜。ところで、それ、どういう風にええのや？」

「……」

実は私もよく判らない。出版社に聞いてみた。

日本図書館協会というのは社団法人で、全国の図書館に、これこれの本を選んだらいいですよと薦めている機関なのだそうだ。本は毎日一〇〇から一五〇冊も出版されているので図書館にとってもどの本を揃えたらいいか決めるのが難しい。そこでこの協会が毎週目録（「選定図書速報」と「週間読書人」）を出してお薦めしているのだ。この協会の図書選定委員会には、委嘱された専門家が約五〇人もいるとかで、しっかりしたもののようだ。

「図書館ハンドブック」という本は、図書の選定にあたっての評価のための資料として「書評」「選定目録」「図書館の書評」の三つをあげているが「書評」と「図書館の書評」が偏った評価が多いと否定的に述べているのに対し「選定目録」は日本図書館協会と全国学校図書館協議会のものを紹介し、

「これらは包括的な一定の書評に基づく選定目録であり、図書館での判断をサポートしてくれるものである」

と肯定的に述べている。これは立派なお墨付きのようである。

出版社は、この選定でたぶん全国の図書館から二〇〇から三〇〇の注文がくるのでは、と楽しい予測をしている。

「大変良かったと喜んでおります」

とファックスがくる所以である。またまた晴れがましいことになってきた訳である。

変な御縁

「ピーピー」

「はい、川口です」

「あのお、私はパプア・ニューギニアでボランティア活動を行っているものですが、一度お会いしてお話を聞きたいと思いまして……」

一九九七年八月の下旬、炎天下の新宿で汗をふきふき外回りの営業をしている私の携帯電話に突然連絡があった。出版したばかりの拙書を読んでいただいたという方からの電話であった。

「ああ、そうですか……」

いきなり言われても相手がどんな人か判らない。その本では戦争の事柄も多く述べており、いろんな反応がある可能性がある。気を遣う。すぐにと言われても困る。

「とりあえず予定をチェックしてみますから、お電話番号を教えていただけませんか」

「はい、〇〇です」

「ご自宅ですか」

「事務所です」

「どちらの事務所さんですか」

「〇〇建築設計事務所と申します」

なあんだ、設計士さんか。それなら問題なさそうだ。早速折り返しお電話をして、その日の夜にお会いすることとなった。

茗荷谷にある焼き鳥屋で長島さんという青年とお会いする。

何でも長島さん達の一行がパプア・ニューギニアでボランティア活動を終え帰国された後、メンバーの福井さんという方が偶然八重洲ブックセンターで私の本を見つけてくれ、回し読みをされたのがキッカケとのこと。また、お話をするうちに長島さんのおられる事務所はいろいろと私の会社がお世話になっているところであるということが判った。本には私の会社名や部署名は書かれていないので、長島さんもお近い縁であったことに驚いてられた。さらに、その後ボランティアグループの会長さんが、上司が昔お世話になった人であるという御縁も判り、活動をお手伝いすることになった。そうこうして約一年が経った一九九八年七月の下旬、その会長さんから電話があった。

「飛行機を川口さんの名前で予約しましたのでパプアに行ってください」

「はあ〜?」

てな調子でパプア・ニューギニア行きとあいなったのである。

戦争にぶち当たる

その後イースト・セピック州のウィンゲイ、マプリック、チャンブリ、タンバヌン等のハウスタンバランに行く機会があった。その中でセピック川の中流域にあるタンバヌンを訪れた時のことである。

我々は村人にハウスタンバランへと案内してもらった。しかしそこはハウスタンバランではなく、ハウスタンバランにあった儀式に使う道具や装飾品などを仮置きしている小屋であった。タンバヌンでは、ハウスタンバランは既に消滅していた。何でも太平洋戦争中、米軍の戦闘機に爆撃され破壊されてしまったとのこと。爆撃された理由は、敗走していた日本軍の兵士をハウスタンバランにかくまっていたからだという。日本大使館とアメリカ大使館に、ハウスタンバランの再建費用を要求しているが、なしのつぶてだとか。我々は多くの村人に囲まれ、事情を説明され、協力を要請された。彼らはハウスタンバランを「戦後補償」の対象として捉えている。実は元ハウスタンバランがあった場所を見せてもらったが、その場所は既に川になっていた。セピックの流れが村を削ってしまったのだ。柱が何本か水面から突き出ているだけであった。このハウスタンバランは放っておいてもやがては無くなる運命であったのだろうが、当たり前の話、彼らはそんなことでは納得しない。

このようにパプア・ニューギニアの旅では、あちこちで太平洋戦争にぶち当たる。そして「これは一体どういうことなのか」と考える。場合によっては調べてもみる。戦争を体験していない私には後追いでしかない。間接的な捉え方でしかない。しかし、今の日本の平和の礎となっているあの戦争に無関心でいていいものかと考えてしまう。

人間魚雷「回天」の操縦訓練中に事故に会い黒木大尉とともに艇内で酸欠のため二三歳の若さで殉職した樋口大尉は、呼吸が困難となり朦朧とした中、次のように書きとめている（抜粋）。

後輩諸君ニ

犠牲ヲ踏ミ越ヘテ突進セヨ
七日〇四〇五　呼吸困難ナリ
訓練中事故ヲ起シタルハ、戦場ニ散ルベキ我々ノ最モ遺憾トスルトコロナリ。シカレドモ犠牲ヲ乗リ越ヘテコソ、発展アリ、進歩アリ。我々ノ失敗セシ原因ヲ探求シ、帝国ヲ護ルコノ種兵器ノ発展ノ基ヲ得ンコトヲ。
周密ナル計画、大胆ナル実施。

凄まじい遺書であると思う。しかし極限状態に追い込まれていない自分には、結局はその凄まじさが真からは判ってないのであろう。安住の地にいるため苦しんでいる人の気持ちを理解したような気になっているだけかも知れない。それでも疑似体験をすることは必ず意味のあることであると思う。或いは、歴史に学ぶということは、体験していないから危険を冒してみたいという衝動を無理矢理抑えることなのかも知れない。

ただ「犠牲ヲ踏ミ越ヘテ突進」と言われても「犠牲」の中身を知らないと前に進めない。日本にも多くの戦跡や戦争に関する資料があり、戦争体験者がおられるというのに、かく言う私も知らないことがあまりに多すぎる。パプア・ニューギニアが、ハウスタンバランが「もっと勉強してや〜」
とぼやいているようだ。

「そっと、パプアが入りこむ……」

最近職場が変わり、サイクルの短い仕事に追われている。数字が容赦なくアウトプットされてくる。休みの日も課題が頭を駈け巡り、芯から休まらない。また、従来の価値観が崩れていく中、立ち止まってじっくり考えるという心の余裕がなくなってきているように思える。ストレスは適度にあると張り合いになっていいが、強すぎると土台が狂う。ストレスはほおっておいてもなくならない。冷静な判断ができるためにと、アメリカの会社の重役には精神医がつけられるという話しもある。カウンセラーの必要性に関して日米ではかなりの温度差があるようだ。

現在の私のカウンセラーは、家族、職場、博多祇園山笠、そしてパプア・ニューギニアである。当然この順番で直に接する頻度は極端に少なくなるが、考えたり、書物やインターネットに接したりするのは自由である。勿論本業が順調でないと全力で本業にぶち当たるのが当たり前。したがって余裕はなくなるが、そこはそこ、異次元を無理矢理気持ちにくいこませていく。

心の中で自由に旅をする。こんなことを考えられる状態かどうかが、ストレス撃退の一つのバロメーターであると思っている。

「パプア・インナートリップ」

セピック川の神様がべろっと舌を出しておどけている。
サゴヤシがゆったりとデンプンになっていく。
子供達の眼がキラキラ輝いている。
焼畑の煙が遠く舞い上がる。
ビールが即、汗に変わる。
バードオブパラダイス。
カヌーに揺られる。
赤い歯の笑顔。
星を浴びる。
濃青の海。
螢の木。
戦跡。
蘭。

パプア・ニューギニアの心象風景は、どんどん不安を蹴散らしてくれる。

㊙
受注。
予実算。
経費節減。
交通費精算。
クレーム処理。
優先順位を考えろ。
新規市場を開拓すべし。
値引きだけでは売れません。
営業は断られた時から始まる。
営業＝訪問回数×訪問の質×熱意。
先行三ヶ月の業績見通しはどうなってるのか。

おっとっと……。
うっかりすると、ストレスに巻き返されそうだ……。

「御礼にかえて」

今回の旅でほとんど初対面の三人が一五日間うまくやっていけたのは、先ずはお二人の人柄の良さの賜物であると感謝している。それに皆さん、お酒に拒絶反応がないというのも親しくなるのに「即効性」があったのかも知れない。お二人はそれぞれ旅行中通算でビールを六〇本ずつ飲まれている（私が知る限りにおいて）。三三〇ミリリットルの小壜であるので驚くには足らないが、約二〇リットル（約二一キログラム）と体重の三分の一から四分の一の量にはなっている。とかく言う私も五六本飲んでいた……（あっ、他にワインもウィスキーも飲んどった。あっ、お神酒も……）。

そして勿論、西村さん、川畑さん、ボブさん、三宅さん、井龍さんをはじめとする現地の方々、および（社）国際建設技術協会の皆さん、横田会長を始めとするフレンズ・オブ・PNGおよびご支援者の皆さんより多大なるご援助をいただいた結果、無事調査を終えることができたものと思う。原木が切られ、焼かれ、彫られ、塗られ、最後には多くの物語が渾然一体となった自家製「ストーリーボード」が出来あがったという感じである。

火山の噴火、洪水、旱魃、経済危機、汚職スキャンダル、津波災害と、このところ災難続きのパプア・ニューギニアであるが、この活動がパプア・ニューギニアの人々の「将来への資源」となる一助になれば幸いと思っている。

またこの本を出版するにあたりさらに多くの方のご指導・ご鞭撻・ご協力・ご支援をいただきました。ほんの一部分の方々ですが、ご紹介させていただき御礼にかえさせていただきたいと存じます。

フレンズ・オブ・PNGの横田満人氏、福田裕治氏、長島良氏、氏原一氏、福井哲夫氏、村田昇太郎氏、赤石博氏、本間義衛氏、竹中仁氏、長島孝氏及びご支援者の皆さん。(社)国際建設技術協会の皆さん、ニューギニア航空日本支社の島田謙三氏。コスモメディアの村越裕之氏、曽我部厚氏。講談社の林田慎一郎氏。経済評論家の森本忠夫氏。苓北水産企業開発の宇土雅典氏。鶴ヶ島市教育委員会の松崎頼行氏、増森幸八郎氏、飯野和広氏、小川茂氏、永井昌和氏、渡辺美知子氏。ツアーマイセルフの武田秀一氏。全国回天会の河崎春美氏。福島県立図書館の原馨氏。久保田修編集事務所の久保田修氏。装幀家の廣瀬郁氏。パシフィックアーツの大橋昭夫氏。花伝社の平田勝社長及びスタッフの皆さん。博多祇園山笠綱場町の皆さん。会社及びお付き合いの皆さん。友人、親族それに家族。

あっ
こんな姿に……
アンゴラムのハウスタンバラン

（写真は一九九九年一二月のもの。赤石博氏撮影。）

主な参考文献

『熱帯の自然』　A・R・ウォーレス 谷田専治　新妻昭夫訳（ちくま学芸文庫）

『メラネシアの秘儀とイニシエーション』　M・R・アレン　中山和芳訳（弘文堂）

『モンゴロイドの地球［2］南太平洋との出会い』　大塚柳太郎編（東京大学出版会）

『トーテムのすむ森』　大塚柳太郎（東京大学出版会）

『パプアニューギニアの薬草文化』　堀口和彦・松尾光（アボック社出版局）

『パプア・ニューギニア独立前史』　J・グリフィン、H・ネルソン、S・ファース、　沖田外喜治訳（未来社）

『メラネシア紀行』　西岡義治（日本貿易振興会）

『パプア・ニューギニア』　山口健治（財務出版）

『オセアニア①島嶼に生きる』　石川榮一監修　大塚柳太郎・片山一道・印東道子編（東京大学出版会）

『オセアニア②伝統に生きる』　石川榮一監修　須藤健一・秋道智彌・崎山理編（東京大学出版会）

『オセアニア③近代に生きる』　石川榮一監修　清水昭俊・吉岡政徳編（東京大学出版会）

『国立民族学博物館案内　上』　国立民族学博物館（千里文化財団）

『太平洋　東南アジアとオセアニアの人類史』　ピーター・ベルウッド　植木武・服部研二訳（法政大学出版局）

『パプアニューギニア民族造形美術品等（民族資料）調査・研究視察報告書』　パプアニューギニア民族造形美術品等（民族資料）調査・研究視察団　鶴ヶ島市教育委員会（同上）

『**ニューギニア　神と精霊のかたち**』　埼玉県鶴ヶ島市教育委員会（里文出版）
『**性と呪術の民族誌**』　吉田集而（平凡社）
『**マタンギ・パシフィカ**』　熊谷圭知・塩田光喜編（アジア経済研究所）
『**オセアニア神話**』　ロズリン・ポイニャント　豊田由貴夫訳（青土社）
『**世界一周道具パズル**』　小林繁樹（光文社文庫）
『**変わりゆくパプアニューギニア**』　田和正孝（丸善ブックス）
『**狂気の起源をもとめて**』　野田正彰（中公新書）
『**エリア・ガイド　パプアニューギニア**』　久保田修（日地出版）
『**植物の世界**』　朝日新聞社（朝日新聞社）
『**地球を耕す**』　佐草一優（成星出版）
『**世界遺産の合掌造り集落　白川郷・五箇山のくらしと民俗**』　飛越合掌文化研究会　角竹弘、高田善太郎、長谷川和衛（岐阜新聞社）
『**世界の民家・住まいの創造**』　川島宙次（相模書房）
『**日本が消したパプアニューギニアの森**』　清水靖子（明石書店）
『**森と魚と激戦地**』　清水靖子（北斗出版）
『**パプア・ニューギニア探訪記**』　川口築（花伝社）
『**熱風　南国でボスと呼ばれる男**』　松田尚正　企画・原案加藤正毅（講談社）

主な参考文献

『奥アマゾン探検記』 向一陽（中公新書）
『東西奇ツ怪紳士録 弐』 水木しげる（小学館）
『水木しげるのラバウル戦記』 水木しげる（ちくま文庫）
『妖怪天国』 水木しげる（ちくま文庫）
『魔性の歴史』 森本忠夫（文藝春秋）
『特攻』 森本忠夫（文藝春秋）
『回天』 回天刊行会（同上）
『回天記念館概要・収蔵目録』 回天（基地）を保存する会（同上）
『人間魚雷回天』 神津直次（朝日ソノラマ）
『あゝ回天特攻隊』 横田寛（光人社）
『回天特攻担当参謀の回想』 鳥巣建之助（光人社）
『回天特攻学徒隊員の記録』 武田五郎（光文社）
『海底の沈黙〜「回天」発進セシヤ』 永沢道雄（ＮＨＫ出版）
『マッカーサー回想記』 ダグラス・マッカーサー 津島一夫訳（朝日新聞社）
『特殊潜航艇』 佐野大和（図書出版社）
『ニミッツの太平洋海戦史』 Ｃ・Ｗ・ニミッツ、Ｅ・Ｂ・ポッター 実松譲・冨永謙吾訳（恒文社）
『レクイエム・太平洋戦争』 辺見じゅん（ＰＨＰ文庫）

『太平洋戦争終戦の研究』　鳥巣建之助（文春文庫）
『日本軍隊用語集』　寺田近雄（立風書房）
『帝国陸海軍事典』　大濱徹也、小沢郁郎編（同成社）
『50年目の「日本陸軍」入門』　歴史探検隊（文春文庫）
『戦史叢書　南太平洋陸軍作戦1〜5』　防衛庁防衛研究所戦史室（朝雲新聞社）
『パプアニューギニア地域における旧日本陸海軍部隊の第二次大戦間の諸作戦』　田中兼五郎（日本パプアニューギニア友好協会）
『追憶ニューギニア戦―「南十字星」復刻―』　高知県ニューギニア会（高知県ニューギニア会）
『留魂の詩　東部ニューギニア戦記』　堀江正夫（朝雲新聞社）
『ニューギニア戦悲劇の究明と検証』　田島一夫（戦誌刊行会）
『ラエの石』　佐藤弘正（光人社）
『破倫　吾れ戦友を食う』　豊谷秀光（新世紀書房）
『地獄行脚』　豊谷秀光（近代文芸社）
『昭和天皇の軍隊』　伊藤一男（光人社）
『米軍が記録したニューギニアの戦い』　森山康平編著（草思社）
『ガダルカナル・ラバウル慰霊行』　蔭山次郎（東洋出版）
『私のソロモン紀行』　阿川弘之（中央公論社）

主な参考文献

『われら従軍回想記』　二十四防給戦友会編（自家本）
『戦場パプアニューギニア』　奥村正二（中公文庫）
『地獄の戦場ニューギニア戦記』　間嶋満（光人社ＮＦ文庫）
『「死の島」ニューギニア　極限のなかの人間』　尾川正二（光人社ＮＦ文庫）
『陸軍中野学校のニューギニア遊撃戦』　田中俊男遺著（戦誌刊行会）
『私が見たパプアニューギニア』　富野貴心（久慈観音霊場貴心寺）
『日本の歴史8　南北朝の動乱』　伊藤喜良（集英社）
『南北朝の英雄たち』　桐原光明（筑波書林）
『日本の歴史大系13』　井上光貞、永原慶二、児玉幸名、大久保利謙編（山川出版社）
『関西国際空港』　佐藤章（中公新書）
『自分の中に毒を持て』　岡本太郎（青春出版社）
『今日の芸術』　岡本太郎（光文社文庫）
『サナダから愛をこめて』　藤田紘一郎（現代書林）
『ポール・サイモン』　パトリック・ハンフリーズ　野間けい子訳（音楽之友社）
『近視を直す』　坪田一男（講談社）
『日本の危険地帯』　力武常次（新潮選書）
『サラリーマンのためのボランティア入門』　木原孝久（日経連広報部）

『セルフ・ヘルプ・グループの理論と実際』　アラン・ガードナー、フランクリン・リースマン　久保紘章監訳（川島書店）
『ＮＧＯ入門ガイド』　石渡秋（実務教育出版）
『ボランティアの時代』　田中尚輝（岩波書店）

SEPIK HERITAGE LUTKEHAUS ET AL. (CRAWFORD HOUSE PRESS BATHURST)
A Short History of Papua New Guinea John Dademo Waiko(OXFORD UNIVERSITY PRESS)
REFLECTIOS of THE SEPIK Ron & Georgie Mckie (CRAWFORD HOUSE PRESS)
Papua New Guinea Tony Wheeler, Jon Murray (Lonely Planet Publications)
ARTISTIC HERITAGE IN A CHANGING PACIFIC Philip J.C.Dark and Roger G.Rose (CRAWFORD HOUSE PRESS BATHURST)
A SHORT HISTORY OF WEWAK Lorna Fleetwood (The East Sepik Provincial Government)
Sana an autobiography of Michael Somare Michael Thomas Somare (Niugini Press)

川口　築（かわぐち・きづき）
1958年　京都生まれ
1981年　京都大学経済学部を卒業後、某大手化学メーカーに入社。以後営業と企画管理の仕事に従事し、ライン、スタッフ両面の経験を持つ。

著書『パプア・ニューギニア探訪記』（花伝社 1996年）

旅は、全国都道府県を全て踏破した上で、ブラジル（アマゾン）、モロッコ、ジャマイカ、ベトナム、メキシコ、ギリシャ、トルコ他、世界各地に及ぶ。

フレンズ・オブ・PNG
　ホームページ：http://www.jah.ne.jp/~jpng
　E-mail：fpng@po.jah.ne.jp

パプア・ニューギニア——精霊の家・NGO・戦争・人間模様に出会う旅

2000年11月10日　初版第1刷発行

著者 —— 川口　築
発行者 —— 平田　勝
発行 —— 花伝社
発売 —— 共栄書房
〒101-0065　東京都千代田区西神田2-7-6 川合ビル
電話　03-3263-3813
FAX　03-3239-8272
E-mail　kadensha@muf.biglobe.ne.jp
　http://www1.biz.biglobe.ne.jp/ ~kadensha
振替 —— 00140-6-59661
装幀 —— 廣瀬　郁
印刷 —— 中央精版印刷株式会社

ISBN4-7634-0346-X C0036